我在海外『淘垃圾』

梅彬◎著

SPM 南方出版传媒 广东人民出版社
·广州·

图书在版编目（CIP）数据

我在海外"淘垃圾"/梅彬著.—广州：广东人民出版社，2019.1
ISBN 978-7-218-13343-0

Ⅰ.①我… Ⅱ.①梅… Ⅲ.①文物—介绍—世界Ⅳ.①K86

中国版本图书馆 CIP 数据核字（2018）第 299470 号

WO ZAI HAIWAI "TAO LAJI"
我在海外"淘垃圾" 梅彬 著

出 版 人：肖风华

责任编辑：梁 茵
责任技编：周 杰 易志华 吴彦斌
排版设计：广东传盛文化传媒股份有限公司
封面设计：末末美书

出版发行：广东人民出版社
地　　址：广州市大沙头四马路 10 号（邮政编码：510102）
电　　话：（020）83798714（总编室）
传　　真：（020）83780199
网　　址：http://www.gdpph.com
印　　刷：广州市晶贵印刷有限公司
开　　本：787 毫米 ×1092 毫米 1/16
印　　张：14.75 **字　数**：190 千
版　　次：2019 年 1 月第 1 版 2019 年 1 月第 1 次印刷
定　　价：49.80 元

梅彬速写

◎文·涂燕娜
◎图·王勇

认识梅彬大哥三年有余。

公开场合，我们都尊称他为梅董、梅总。他曾从军从政多年，原以为他是个不苟言笑，持重刻板的人，可接触时间长了，发现他其实是个热情开朗，风趣幽默的人。因此，私底下我们更愿意称他为大哥。梅大哥特质明显，有“三好”：好玩，好奇，好写。

好玩。不提前预约，很难见到梅大哥。他常常是“神龙见首不见尾”，头天我们还在广州喝茶聊天，第二天，他已出现在印尼巴厘岛的海边；一周后，他又畅游在俄罗斯贝加尔湖面。他的行程似乎拥挤不堪，一年少说要跑三五个国家，世界各地的美景，美食，美物，不断呈现在他的微信朋友圈。常人奢求的“一场说走就走的旅行”，于他而言不过是一念之间。玩，似乎成了他的生活方式。

好奇。对于所感知的事物，梅彬大哥始终保持着一颗好奇之心。不断尝试，不断探寻那些少有人走的路，这让他收获了不一样的风景。在美加边境和平门的垃圾站中偶然淘到清代紫砂壶后，他将淘“垃圾”变成一种旅行方式：在丹麦哥本哈根跟随小贩到乡下收废品，在柬埔寨洞里萨湖边的木屋里收购木雕，在埃及卢克索寻找古老的铜盘，在俄罗斯海参崴带回中国古代的算盘……这种经历与体验，让人惊奇、艳羡、着迷。他喜欢寄明信片，一年前，在一次旅途中，他突发奇想，若是将这种传统的情感传递方式与当下的电子科技相结合，会碰撞出什么样的火花？一不做，二不休，回来后他成立了一家新媒体科技公司，做微信二次开发和小程序，取名"玩转明信片"，项目上线后结出了丰硕的成果，这大概就是"好奇"给他带来的回馈吧。

好写。多年来，梅彬大哥所走过的路，遇到的人，看过的风景，皆成为他笔下的文字，无论是系统成文成书，抑或是旅途中即兴随感，或深情，或诗意，或欢喜，或伤感。即便只有短短几行，读来也令人享受。在美丽的贝加尔湖畔，醉酒醒来，他写道：

昨夜，我醉了，
醉在踢踏舞中，
醉在伏特加里，
醉在街角那家格鲁吉亚餐厅。
今早，我醉了，
醉在安加拉河的波光里，
醉在白桦林的金黄中，
醉在秋分的伊尔库茨克。

在温哥华通往班芙的路上，他写下《行走天堂》：

我曾在拉萨的天空下怀想，
我曾在西子湖畔张望，
天堂究竟什么模样？
在通往班芙的路上，
我看见，
天堂在左，天堂在右……
哦，天堂是来了就不想走的地方。
独自行走容易迷失方向，
但在天堂，
我愿意永远流浪。

近年来，梅彬大哥连续出版了《世界唐人街》《海上陶瓷之路》《中国海归》《中国留学精英》《潮汕那地方》等多部与海外、与旅行相关的书籍，著述之丰令我咋舌。他也会将真挚的情感以歌词的形式表现，太平洋音像出版社去年出版了他的歌碟《军旅情怀·忘不了你》，其中《风筝》《老屋里的亲娘》尤为感人。

不久前，在他的办公桌上，我见到了《我在海外淘“垃圾”》的书稿，立刻被吸引住。他将视角从千篇一律的世俗风景移开，从惯有的旅行方式中抽离，从垃圾站、跳蚤市场、旧货市场入手，从一件件充满岁月沧桑、曲折命运的旧物身上，审视一个国家和地方的历史、文化、风土民俗。听他讲那些生动而趣味十足的故事，如同跟着他的足迹在全世界走了一趟，在各个国家淘了一遍“宝”。原来旅行还可以这样玩，生活还可以这样有趣！

也许，梅彬大哥会抱着好奇之心一直这样“玩”下去，沉溺于他所追寻的生活。而我，只能在文末弱弱说一声：广州是你的“根”，那里有一群“铁粉”在默然等着你，等你喝茶，等你讲旅行轶事，欣赏你新淘的“垃圾”和送给大伙的手信。

（涂燕娜，新锐女作家；王勇，先锋派画家）

目　录

第五章 英国

第六章 土耳其

第七章 老挝

第八章 韩国

第十三章 俄罗斯

第十四章 日本

第十五章 柬埔寨

第十六章 阿根廷

和平门：边境垃圾站寻宝记

第一章 加拿大

和平门，英文为 Peace Arch，是一座 30 米高，庄重肃穆的白色希腊式建筑，是美国和加拿大的边境国门，为纪念美国、加拿大两国于 1814 年 12 月 24 日签订的《The Treaty of Ghent》，即《根特条约》一百周年而建。该条约结束了美加两国由于贸易摩擦而爆发于 1812 年的战争，因此，和平门也被视为世界上第一个和平标志纪念碑式的建筑物。

门顶上，两国国旗迎风招展。北边加拿大境内飘扬着加拿大国旗，南边美国境内则竖着美国国旗。两边的门楣上分别写着一句话，美国一侧写着“CHILDREN OF A COMMON MOTHER”，意为“同一个母亲的孩子”，加拿大一侧写着“BRETHREND WELLING TOGETHER IN UNITY”，即“团结在一起的弟兄们”，两句话道出和平门的寓意。还有人将这两句话译为“一奶同胞亲哥俩”“相依为命两兄弟”，听起来挺有中国味的。

和平门的门洞内壁还刻着立碑一百年时的纪念语：西侧写着“1814 OPEN ONE HUNDRED YEARS 1914”，此门已开一百年；东侧写着“MAY THESE GATES NEVER BE CLOSED”，但愿此门永不关闭，寄托人类对和平安宁的期许。

北纬 49 度：美加边境线上的小木屋

温哥华是美加边境上一个美丽的城市，距离城南端陆路边境口岸的和平门（Peace Arch) 只有 48 公里，驱车过美国只需半个小时左右。每天早晨，都会有大批的加拿大人由此过关，进入美国，晚上再从这里回到加拿大。

美加过境公路

北纬49度线，是美加两国的边界线，号称世界上最长的不设防的边境线，和平门就坐落在这条线上。一条线，将两个国家从北美大地分开。当然，不设防是相对军事而言的，并不是任何人都能随意通过，在跨越边境的每条公路上都设有关卡，同样需要经过边检验明身份才能通过。

第一次去和平门是我到加拿大探望在那上学的女儿。一个休息日，心血来潮，约了几个好友，带上女儿，开始了一次自驾跨越边境之旅。我们从温哥华出发，沿着99号公路向南行驶，半个小时后就到和平门脚下。99号高速路分上下行，往北走是加拿大，往南就是美国，上下行之间，隔着宽阔的公园草坪，草坪中央就是和平门。

过关的地方在和平门的两侧。每天早晨，从加拿大和美国各个地方而来的车辆就在两边的关卡排起长龙，等待过关。也许是因加拿大北边纬度高，气候寒冷，所以加拿大人多居住在靠近美加边境狭长的地带。而美国物价相对加拿大来说要便宜许多，许多加拿大民众经常会到美国购物，就如同在深圳过香港，珠海过澳门购物一样方便，早晨出发，晚上回来。

从加拿大过美国的人多集中在周末，车多的时候，常要排上一两个小时，甚至两三个小时才能过关。过关的时候需要验明身份，如果

与国外同行的朋友在和平门前

是加拿大公民，只要有本人的护照就能过去美国，而不用再签证，对于只有加拿大"枫叶卡（the card of maple leaf）"，即加拿大永久居民卡签证的人来说，申请美国签证也是非常容易的；如果是第三国家的公民，就得取得签证才能过去。

说明一下，和平门虽然是边境国门，但也只是个象征性的建筑，不是说所有从这里来往两国的人和车都得从此门经过，因为美加两国的海关闸口并不设在和平门两侧的边境线上，而是各自从边境线往本国退回两百多米，中间留出一片空地，建成公园，因此，和平门也是一处公园——和平门公园（Peace Arch Park）。过关的地方就在和平门公园的两侧，因为过关缓慢，所以在等待过关的时候就可以顺便看看和平门公园的风景，多少能够缓解排队的烦躁。

因是周末，一大早，过关的车队便排起长龙，车子只能一点点往前挪，与其闷在车里苦等，不如下来看看和平门公园。站在关卡旁的马路边，东侧是和平门公园宽阔的草坪，西侧是三角洲国境海湾，那是太平洋西岸候鸟迁徙途中重要的落脚点，每年秋冬季节，成千上万只候鸟飞到此都会停留休整，为后面更遥远的路途储备力量。

明媚的晨光，粼粼的波涛，海湾上停驻的船只，构成一幅美丽的港湾景色。

美丽的风景中，一座小木屋静静矗立在公园旁。从外形看起来，显

和平门公园

然是有些年代了，斑驳老旧，可见小木屋平时并不怎么受重视。可以肯定的是，那并不是做小生意用的，因为没有窗口，也没有摆放商品；不是卫生间，因为没有标志；显然也不是休息室，更不是岗哨。

百无聊赖，我开始琢磨，一个边境线上的小木屋，到底是干什么用的？为什么会设立在边境线上？比起海湾风景，我对这座独特的小木屋有着更多的兴趣。我很想知道，这间边境线上的小木屋里面究竟藏着什么？

问了同行的几位朋友，没有人知道。既然不知道，何不去看看，说不定会有什么意外的发现呢。

没有人愿意跟我去，理由很简单，看那周边的环境，虽算不上脏乱差，但也不会好到哪里去，起码不是正常对外开放的场所。连女儿都不愿跟我一道去。但我就不愿放弃，非得去瞧瞧我才死心。哪怕是废品站，我都想看看边境线的废品回收站有哪些垃圾。

垃圾站淘回清代紫砂壶、西洋银器

果真让我蒙对了。

走到小木屋旁就闻到一股五味杂陈的气味。木屋门半开着，推开门环顾四周，角落放着废品回收箱，地上散落着凌乱的，还没来得及处理的应该是从周边收集到此的废品，在此进行分类、处理、中转。一个身着圣诞服饰的老人家正在翻拣废品，并分类装好。见有人推开门，他转过身来，并没有感到有多惊诧。

在旧货市场淘宝

我想看看这里的人丢弃的垃圾都有哪些，于是问老人家，能否让我进去看看那些东西。老人很和善，说可以，让我随便看，还说如果有我喜欢的垃圾也可以带走，不过不是免费的。我在心里嘀咕，花钱买垃圾，我又不是傻子……不过后来事实证明，老人是有经验的，就算是垃圾堆里也能找出宝贝，有句话不是说嘛，垃圾是放错位置的资源。

我往地上一蹲，仔细查看起来，散乱的垃圾堆中，有金属的、木质的、纸质的、塑料的、陶瓷的、纺织的各式废品，其中不乏可以循环使用的。我在废品堆中仔细扫视一周，目光在一个红色提梁壶上停住了。作为一个略懂点传统文化的中国人，见过的古董古玩也不在少数，也收藏过不同时代各种类型的壶，虽然不懂专业鉴定，但感觉还是有的。我把提梁壶从废品堆中拎起来，那是一把完好无损的壶，把面上的尘垢擦一擦，就能看到壶的本来面貌。从颜色、形状、质地上判断，那应该是一把颇有年代的壶。人与人之间的交往需要缘分，收藏家收藏古玩喜欢看眼缘，

晚清 紫砂红釉提梁壶

一眼就喜欢上这把从垃圾堆里拣出来的壶，我感觉我与它甚是有缘。我有种预感，它并没有那么简单，也不是一把普通的壶。

我把壶放在手中仔细感觉，壶面的红釉光滑透亮，布满冰裂纹，造型典雅，质地细腻，古朴敦厚，有文人雅士风范。将壶倒过来一看，心中一喜，壶底赫然刻着：内务府督造。众所周知，内务府乃清朝管理宫廷事务的机构，主要机构有“七司三院”，其中养心殿造办处掌管器作的制造。所以如果这是真品的话，那么它就是清朝时候的壶，价值不菲。一把清朝的壶，不知道它是如何越过茫茫海洋，落在这异国他乡，最后没有落在爱茶之人的手上，也没有落在文人雅士的书房里，更不是落在收藏者的藏柜中，而是落在这废品堆中。好一个悲凉的去处。对于为何流落至此，不得而知，但是现在我想把它带回去。

除了紫砂壶，我还发现一个银质的老牙签盒，虽然外表邋遢，布满尘垢(在废品站的东西,哪还有干净可言?否则就不用叫淘了。所谓淘，就是在万千物品堆中，挑选出自己中意、有价值的东西）。但还是能看出银质牙签盒上精美的雕花，精良的做工，西方面孔的人物浮雕栩栩如生，还有精致的把手，有传统欧洲银器的风韵。据我估计，那应该就是欧洲的银器。只要将它洗干净，一定会让人惊喜的。

人物纹锡壶

欧洲，特别是英国、丹麦等国家，是西方经典银器的发源地，从中世纪至今，银器制造已有一千年的历史，制造出来的银器非常华丽，造工精良复杂，不仅美观，品种也很多。欧洲人使用银器有着相当悠久的历史，从烛台到刀叉再到碟子应有尽有。看过欧洲古典小说的人，对银器想必不会陌生，许多小说中都有对银器的描写。在许多欧洲国家，银器是一个人乃至一个家族身份和地位的象征，是王公贵族专用的物品。比如，英国作家罗伯特·库克在小说《选择》中写道：

"有钱是多么快活！"坐在茶几旁的肖夫人，当她拿起古色古香的精细的银茶壶倒茶时，心里也许是这样想的。她身上的穿戴，屋里的陈设，无不显示出家财万贯的气派。她满面春风，得意之情溢于言表。

法国著名大作家雨果在《悲惨世界》中多次写过银器：

但是我们得说清楚，在他从前有过的东西里，还留下六套银餐具和一只银的大汤勺，马格洛大娘每天都喜气洋洋地望着那些银器在白粗布台毯上放射出灿烂夺目的光。我们既然要把迪涅的这位主教据实地写出来，就应当提到他曾几次这样说过：叫我不用银器盛东西吃，我想是不容易做到的。

……

马格洛大娘的确没有摆上那三副绝不可少的餐具。照这一家人的习惯，主教留客晚餐时，总得在台布上陈设上那六份银器，这其实是一种可有可无的陈设。那种温雅的假奢华是这一家人的一种饶有情趣的稚气，把清寒的景象提高到富华的气派。

不知是哪位主人有意或无意将它丢弃了。它不仅美观，还可以使用。当作废品处理是多么可惜，何不将它带回，清洗干净，再请专业的人看看它的年代与来历，算是对自己的执意有个交代，也能使我安然踏实。再不济，自己用着也是非常雅观的。

紫砂壶、银质牙签盒外加另外一个小物品，共花费不到150元人民币。

老人家也很高兴有人在垃圾里淘到有价值的东西。很多时候，在少人问津的地方，往往能够获得非凡的惊喜。就比如这个并不起眼的废品回收站。

钟情于某种东西时，不管它是在高高的壁柜上，还是处在污泥中，都阻挡不了这种热爱，而往往在不起眼的地方偶然邂逅那些有价值的东西，那种满足感和快乐要比拿真金白银到专业市场上买更加强烈。归结起来，也许我们更喜欢的，是那种探索、发现的过程吧。

担心车已经要过境，把款一付赶紧走出来。去时空手去，回来时手上多了几件“垃圾”，朋友们看我都一脸无奈的神情，得知我还是把废品买来的时候，更是无奈苦笑着摇摇头。我却乐此不疲，因为淘来的这几件“垃圾”，让我一路更加兴致愉悦。

傍晚从美国经和平门回加拿大，车行驶在5号公路上（即加拿大的99号公路，在美国境内叫5号公路），风景已与早晨不同。夕阳正缓缓沉入三角洲国境海湾，晚霞染红天边，倒映海中，半江瑟瑟半江红。天

空慢慢由橙红变成紫色，再慢慢沉入黑暗。华灯初上，夜幕降临了。

过关处，车队依旧是长龙。一般出入边境，需要从本国边境办理离境手续，再从对方国家海关办理入境手续，唯有这里不同，因为这里是“不设防的边境线”，从加拿大进入美国时，海关一律由美国边防负责，从美国回加拿大时，就由加拿大边防负责，充分体现两国的互信关系。从加拿大进入美国时主要验明入境者的身份，防止偷入境或是有移民倾向，主要关注国家安全问题；而从美国回加拿大，加拿大边防最关注的是你买了多少钱的东西，因为加拿大海关有规定，如果是当天往返，每人在境外的采购总额不得超过 75 加元，超过就得上税。否则以美国低廉的价格，民众都到美国或周边国家购物了，那本国的零售业还要不要开门了。

开启淘“垃圾”旅行模式

回到酒店第一件事，就是把今天淘来的物品清洗干净。

洗净后的紫砂壶、银质牙签盒显出它们最初的面孔，美丽，优雅。后来我请广东省文物局副局长何斌先生来看，这把紫砂红釉提梁壶果真是晚清时代的作品，已有一百多年的历史，目前市场上价值大概在三万元左右。而银质牙签盒也是英国的银器，大概是20世纪早期的银器制品。

如今，它们静静躺在我的家中，紫砂壶摆在橱窗里，牙签盒我自己用上，恢复了它们本来的功用，也焕发了新的面容。当我独自静坐的时候，望着那把清代紫砂壶，我常陷入对它的身世来历及经历的推测思考中。它也许产自巧匠之手，是宫廷用品，那么它最初的主人是谁，是达官贵人、文人雅士、收藏家还是爱茶人？他经历了什么，后来如何漂洋过海，流落到大洋彼岸的北美洲，是留学、经商、旅行还是逃难？种种假设一直存在心里。

一个是东方文明的瑰宝，一个是西方文明的精粹，流落在万里之外美加边境线上的废品站里，最终相聚在我的桌上，想来真是神奇。前尘往事不问，有缘自会相聚，也许，万事万物都会在冥冥中相聚或别离。

人类存在的千万年间，大量人类文明的产物，文化的结晶，随着一次次征战、迁徙、贸易、掠夺、贩卖，或翻山越岭，或漂洋过海，最终散落世界各地。发现新大陆、附属国朝贺、郑和下西洋、“五月花”号发现新大陆、西班牙水手第一次发现阿根廷、八国联军掠夺圆明园、两次世界大战将无数珍宝化为灰烬，有的深埋地下，有的陈列在别国博物馆，有的在收藏家的橱柜中，有的在商贩手中待价而沽，有的仍流落在世界上那些看得见的、看不见的角落，等待发现，等待淘回。

此次在和平门的垃圾站中淘回的清代紫砂壶和英国银器，开启了我新的旅行方式。此后，无论我到哪个国家，我都会在行程中特地安排时

间逛一逛当地的旧货市场、跳蚤市集以及垃圾回收站等地方，寻找中意的旧物，不为金钱，只为乐趣。因为你不知道，下一次会有什么“垃圾”在等待着你。

同时，这也让我开始审视那些走走拍拍看看买买的传统旅行模式，因为，你所看到的，是万千人眼中的风景，你所买到的，是市场上大量出售的流水制品，你所拍的，也是万千旅客镜头中的景物。哪怕风景再好，也缺少某种发现的乐趣！这偶然的发现，为我以后的行走带来了新的启发，也为漫漫旅途带来更多未知的期待。

洛杉矶：天使之城与跳蚤市场

第二章 美国

以前，在美国洛杉矶的朋友知道我喜欢收集老物件，每次回国的时候，都会到跳蚤市场淘上一些精致的老旧物品带回来给我，有印第安风格的碟子，早期非洲的瓷器，德国的笔筒，还有中国民国时期的瓷杯等等。久而久之，我们之间形成默契，知道我喜欢什么，回来时便给我带，我也不问价钱，因为它们不能用价钱来衡量。虽然那些小物件并不是通俗定义上的多值钱，但那份心意却让我从心里感怀。

20世纪90年代，跳蚤市场（Flea market）一词在中国还很少出现，在欧美等西方国家却已有上百年的历史，其模式是早就存在了的。跳蚤市场最初出现在纽约，它由一个个大小不一、自由来去的旧货地摊摊位组成，出售人们闲置多余的物品，新旧都有，小到配饰、硬币、纽扣、胸针，大到家具、家电、汽车，一应俱全，且价格低廉，比逛超市、专卖店、商场更有看头和韵味，也有更多的可能性。那里有很多根本用不上的东西，甚至可以称之为垃圾式的旧物，但也存在许多难得一见的宝贝。跳蚤市场规模不一，小到几个摊位，大到几千个摊位都有，秩序井然，环境也很优雅。很多跳蚤市场并不是天天都有，一些著名的跳蚤市场通常是一个月或者一年才会举办一两次，得有足够的耐心和运气。

后来，我有机会到洛杉矶学习，而且一住就是20天，我就成了这里跳蚤市场上的常客，满足自己寻找旧物的心，同时也是重忆当年老友在这些地方，挑选礼物给远在大洋彼岸的我的情景。

天使之城最原始的跳蚤市场

洛杉矶位于美国西海岸加利福尼亚州，是美国的"天使之城"，也是最大和人口最多的城市之一。1769年，西班牙远征队为寻找开设

在美国加州大学学习时留影

教会地点来到这里，1781年在这里建镇，并把这里称为“天使女王圣母马利亚的城镇（Village of Our Lady, the Queen of the Angles of Porci ú ncula）”，简称“天使之城”。它不仅是世界知名的娱乐中心、汽车之城，同时也是文化氛围浓厚的城市，它有300多家博物馆，有好莱坞，还有那些街头巷尾难以计数的跳蚤市场——它们是民间文化的最好见证。

在洛杉矶这个现代而繁华的大都市里，集中了为数众多的旧物市场，除了比较著名的帕萨迪纳玫瑰碗（Rose Bowl）跳蚤市场、梅尔罗斯（Melrose）跳蚤市场，还有“A Current Affair 跳蚤市场”“GCC Swap Meets 跳蚤市场”“Melrose Trading Post 跳蚤市场”“Venice High Flea Market 跳蚤市场”“PCC Flea Market 跳蚤市场”“Melrose Trading Post At Taft 跳蚤市场”“Long Beach Antique Flea Market 跳蚤市场”“Artists & Fleas 跳蚤市场”“Santa Monica Airport Antiques & Collectibles 跳蚤市场”“Silver Lake Art/Craft& Vintage 跳蚤市场”等各具特色的旧物市集。

洛杉矶的跳蚤市场是我们这些热爱淘“垃圾”的人的天堂，去的次数多了，也逛出了自己的一些心得。

帕萨迪纳玫瑰碗跳蚤市场位于洛杉矶老城“帕萨迪纳”附近，是洛杉矶最原始的跳蚤市场，只有在每个月的第二个星期日才会开放一天，如果没有先计划好时间，要碰巧遇上并不容易。第一次去的时候，因为老朋友提前告知，所以我们有充足的时间安排好行程。

当月第二个星期日，跳蚤市场开放日那天，早晨5点左右就可以进

玫瑰碗跳蚤市场

场了，不过那得是 VIP 顾客才能免费进入，如果不是 VIP 又想早点入场的话，就需花费 20 美元入场费。若是自由职业者或是失业人士可以在早晨 7 点花上 15 美元进入，其余的就得等到 9 点才能进入，12 岁以下的儿童可以免费参观，一般到下午 4 点左右跳蚤市场就关门了。为了能够抢先一步挑选到好东西，我们 5 点多就买票进场，要知道，晚点去的话只能挑别人挑剩下的货物。虽然天还没有亮，但跳蚤市场内的摊位都准备就绪了，2500 多个摊位上，摆着各种五花八门、稀奇古怪的待售商品，烟袋锅、旧木柜、玻璃花瓶、玩偶、挂画、老时钟、各种材质的雕塑、实木家具、自行车、餐具、乐器、工具、衣服、盆栽、贴画、大字报、地毯、轮胎、花艺、木制品、铁架、望远镜、旧书籍、留声机、香料等等，应有尽有。既有旧货，又有新奇的东西，很多在平常的商店难以找到。

美国西海岸街头潮流风式市集

在美国斯坦福大学

梅尔罗斯跳蚤市场位于洛杉矶Fairfax高中，距离好莱坞非常近，有数百个摊位，是喜欢在跳蚤市场淘货的人不能错过的，这里也是美国西海岸街头潮流风非常好的体现。不同于帕萨迪纳玫瑰碗（Rose Bowl）跳蚤市场一个月才开业一天那么难等，梅尔罗斯跳蚤市场每周日都会开，3美元的门票也比玫瑰碗便宜得多。这里出售的商品种类也很多，有首饰、衣着、书桌、衣柜、报架、首饰盒、特色手工艺品、纪念品等大小物品。许多商家带来自己的手工制品，天然石头加工的复古戒指，用旧钥匙做成的项链，风格别致。也许是因为靠近好莱坞的缘故，这里的黑胶唱片非常多，种类丰富，让这个跳蚤市场的商品带着浓浓的好莱坞风情。很多本地和来洛杉矶的游客都喜欢来这里“淘宝”，非常火爆。

杰克是我在这里认识的一个唱片摊主，也是一个大学生。由于喜欢音乐，让我很想去了解他。杰克是一个唱片迷，从少年时期开始便热衷于收集唱片。为了能了解和收集更多唱片，他经常到唱片店打工。在学校，他和几个热爱音乐的校友组成一个乐队，做自己喜欢的音乐。他们会在校园、街头、酒吧驻唱，还举办过小型演唱会，是当地小有名气的乐队。他说自己已经收集了几十万张黑胶唱片，平时他们上课、排练、演出，周末就来这里摆摊。相比于卖唱片，他更喜欢跟同行，跟喜欢黑胶唱片的人交流，因为在这里他能遇到许多真正喜欢唱片的人。如果喜欢他的唱片，他也会卖，或者跟人家交换。

在美国国会大厦前

杰克收藏的黑胶唱片中，有70年代"费城之声"缔造者奥曼迪指挥柴可夫斯基的《第五交响曲》，有80年代伯恩斯坦指挥肖斯塔科维奇《第十四交响曲》、伯恩斯坦指挥《马勒第一"提坦"交响曲》等知名音乐家的黑胶唱片。出于对音乐和老黑胶唱片的热爱，对杰克这类美国年轻人热爱老黑胶唱片之心的赞许，我挑了几张，问他卖不卖，杰克很爽快说，卖。我因而以极便宜的价格买下了几张20世纪70年代至90年代的黑胶唱片。

一直到现在，当我一个人独坐的时候，我还是会时不时拿出来播放，在或高亢或舒缓的音乐中，沉思，冥想。从音响中传来悠远淳厚的声音，是岁月流过的痕迹在音乐中的沉淀。

除了这两处比较著名的跳蚤市场外，"A Current Affair 跳蚤市场"是"Scout Boutique"的店主乔伊·格拉娜和"New/Found"的店主理查德温莱特联手经营的，汇聚了他们从全国各地收罗来的各种复古精品，一般会在每周六上午 11 点到下午 7 点营业，不过进入“Scout Boutique”也是需要门票的，早票一人 20 美元，普通门票一人 10 美元。“Artists & Fleas”则是纽约“进口”的跳蚤市场，各种艺术小商品都可以在那里找到，那里也集中了本地设计师设计打造的手工制品。

从洛杉矶到西雅图：一号公路漫遇

我很少单纯为了旧物而特地去某个地方，但是淘“垃圾”的念头却时时刻刻都存在脑海中，只要我出门在外，那么淘“垃圾”之旅便会贯穿在我的旅途中。我相信人与旧物之间会有种天然的共鸣，那些沉淀了时光和感情的器作，甚至是“垃圾”，其实都是有灵性的，它需要缘分的积累才能遇上，当你在转头的瞬间与之相遇，或是在无意的扫视中让你的目光停留，或是在堆满尘土的角落将它发现，瞬间将你的世界点亮，觉得这一趟旅途因为有了它而更加充足和有意义，那么你们之间便是有

加州一号公路

缘分的。无缘相遇的，纵然驱车千里，踏破双脚也许都遇不上；若是有缘，那么走路也会踢到，睥睨一眼都能停留，它隐藏得再深，也会让你发现，可以是那种“踏破铁鞋无觅处，得来全不费工夫”的得意，也可以是“众里寻他千百度，蓦然回首，那人却在灯火阑珊处”的婉转。

为了领略美国西海岸太平洋公路的美景，我们决定在洛杉矶租车，自驾到西雅图。在美国，租车非常简单，只需要提供护照、驾照和信用卡就可以了。

从洛杉矶到西雅图有着2000公里左右的路程。我们一路走走停停，前后用了五天左右的时间，完成从洛杉矶到西雅图的自驾之旅。

从洛杉矶市区出发后，顺着国道驶入一号公路，一路往北行驶。途经旧金山、太浩湖、波特兰、哥伦比亚河入海口等，最后到达西雅图。一号公路是沿着太平洋海滨修建的一条公路，它从墨西哥往北一直延伸到加利福尼亚州北部，一路上风景如画，被称为全世界最美的公路。车行驶在路上，左边是浩瀚万顷的太平洋，右边是陡峭高耸的悬崖，连绵不断的落基山脉和一望无边的草原牧场、农田，景色让人沉醉。这是很多人选择在这条公路上自驾的原因，可能在世界上的其他地方，再也找不到一条这样的公路，刺激与美景并存，人与自然共生。一号公路连接起了旧金山和洛杉矶之间无数美丽的小镇，它们散落在太平洋沿岸，除了共有的海景公路和沙滩景色外，还各有特色。蒙特雷以其老加州风情著称，圣巴巴拉以西班牙情调闻名，秀美的月亮湾，摄人心魄的大瑟尔，艺术品位风靡世界的卡梅尔，以及那风景绝佳的17英里景观大道等等。

行驶在一号公路上，让我想起美国纪录片《一号公路》：离开美国十年后的罗伯特·克雷默，一个人背着摄影机，沿着这条美国最古老的公路回家的情景。他走过繁华的华盛顿、波士顿，也走过人烟稀少的乡村荒野，最后在儿时玩伴的带领下，他看到了自己的国家和同胞。二十多年过去，《一号公路》的热潮始终没有散去，它激发了无数的后继者，沿着罗伯特·克雷默的脚步，踏上一号公路，用自己的脚步丈量美国。

在一号公路转入去卡梅尔小镇的路上，远远看到路边放着一块招牌，招牌上手写着“Antiques”（古玩）字样。这间古玩旧物店，不是开在热闹的街区，而是远离市区的路边，让人感到好奇，想一探究竟。我们停下车来，进入店里。店主是一个头顶半秃、头发全白的精干瘦小的老头儿，看上去有六七十岁。这是一栋独立的木楼，共有两层，一楼大厅展出许多西洋风格的古董，只有老店主一个人在这里，没有其他帮手。转了一圈之后，问老店主有没有东方的古玩，老店主连忙说，有，有，有，在二楼，一边风风火火带着我们上到二楼。

在靠墙的一个角落，我们见到了他口中的东方古玩，多是些中国风的画作、瓷器、工艺品，掺杂着日本风格的器物。我问老板这些东方古玩是如何收集来的时候，老板说，这些中国古玩并不是他的，而是附近一个老太太放在他这里寄卖的。老人的丈夫曾到过中国、日本，带回来一些古玩，前两年去世了，留下这些东西。后来子女都到城市定居了，老太太便把东西放在他这里寄卖，一些路过的人会进来看一看，也会买一些，如今就剩这些了。随手拿起两幅画来看，是两幅扇面画，画的是枝上鸟、蝶恋花，颇有中国古典花鸟画韵味。我问店主还有没有其他的，老板说我们来晚了，好一些的都被人买走了。逛了一圈后，没有看得上的东西，准备起身离开，就在准备出门的时候，在门边的一个架子上看到几块类似石头的东西，拿起来一看，竟是海螺化石。我问老板这是哪里收来的，老板说这是他以前在山上挖泥时捡回来的，如果喜欢的话就20美元便宜卖给我。当即便买下了。老板送我们到门外，再递给我们一张名片，说可以随时给他打电话，如果有新货到会跟我们说。由于不是专业的古玩收藏家，我没有去关注他的店有没有新货，也没有打过电话给他。

在波特兰的旧物街上逛的时候，我们遇到一位在此开古玩店的华人

海螺化石

余先生。余先生祖籍广东，父亲那一代跟随家人移民美国。他曾在学校教书，也开过中文学校，教外国学生学中文。虽然几十年间，他回过中国的次数屈指可数，可也许是与生俱来的缘故，他依旧热爱中国文化，喜欢收藏中国的古玩，也认识了很多在美国的华人收藏家。如今年迈体弱，为了分享收藏的爱物，也为了不增加子女负担，他自己开了一个古玩店，这样既能维持生计，也满足心中那点对中国传统文化的热爱。

余先生的店里展出了他和父亲、祖父三代收藏的古玩，有陶瓷、玉石、紫檀、镏金佛像、画作、翡翠等等。他还跟我们讲起他父亲和祖父收藏的经历。据他介绍，他的父亲与祖父两代人都是商人，热衷于收藏古董旧货。因为做生意的缘故，他们经常去到很多国家，也因此有许多机会在各个国家淘回各种老旧物品。其中，他的祖父喜欢收集古罗马和古埃及的旧物，而他的父亲则更加喜欢中国的陶瓷。全家移民美国后，他父亲曾多次回到中国，并带回许多中国的古玩。

我们不是收藏家，也不太懂甄别古董，因此没有买下任何古玩。但余先生的情怀和真诚，却让我们感念。

斯德哥尔摩：遗世而独立的斯堪的纳维亚

第三章 瑞典

古老而光荣的北国山乡

如果要说这世界上哪个国家能让世人堪羡的，瑞典是当之无愧的一个。这个斯堪的纳维亚半岛国家，北欧五国最大的国家，有着"森林王国""湖泊王国""欧洲锯木场""北欧雪国""禁酒王国"等众多称号。半个多世纪以来，瑞典以其高收入、高福利、高生活水平，成为西欧乃至世界各国的标杆。

作为瑞典的首都，斯德哥尔摩在500多年前就已经是瑞典的都城了，也是瑞典的政治、经济、文化、金融中心。也许你很难想到，这么发达的一个城市，最初原是一个"木头岛"——为了防止海盗侵扰修建的木头城堡，而被来到这里的外国商人嘲笑为"斯德哥尔摩"，即"木头岛"的意思。

瑞典皇宫前留影

来到瑞典之前，我所了解的斯德哥尔摩也仅限于大众所了解的程度：科技发达、工业发达、教育发达，瑞典主要银行的总部都在这里，诺贝尔奖创始人阿尔弗雷德·诺贝尔的故乡也是这里，自1901年开始，每年12月10日诺贝尔逝世纪念日这天，斯德哥尔摩音乐厅都会举行隆重仪式，瑞典国王亲自给获诺贝尔奖者授奖，并在市政厅举行晚宴。

然而，当我踏上瑞典的土地时，听到那古老而遥远的国歌——《你古老的光荣的北国山乡》，终能理解其中每一句歌词的深刻内涵：

你古老而自由，在极远的北方
美丽和平，使我们心情舒畅
向大地上，最美的国土敬礼
阳光，天堂，你的绿色大地！
古代历史的记忆，静静地沉睡
带上你的名字，向高远飞
相信你将永远这样存活
我将永居于这北欧祖国！

只有当你亲自踏上那片遥远的土地的时候，才能真正领悟到，那动人的旋律是从何而来。

别有洞天的日耳曼式老城

这一次来到斯德哥尔摩，因是出差，我们提前在网上预订了一家位于老城的民宿。这已经成为我的一种习惯，每到一个新的地方，如果事先没有联系当地的朋友，便选择预订民宿，不仅便宜，也是融入当地、了解民风的最便捷的方式。再提前跟民宿主人约好，开车到机场来接，也省了旅途中转、寻道问路之累。

飞机抵达斯德哥尔摩机场时，民宿主人早已在那里等候。他是一位退休的老教师，开着一辆保养得非常好的老爷车。看得出老爷子是一位非常有品位且念旧的人。如果这在国内，一定是非常新奇的车，但在开车回老城的路上，遇到很多这类保养得很好的老爷车，才知道这在斯德哥尔摩是一种时尚，与老爷子有着相同品位的人不在少数。老爷子得知我们从遥远的中国前来，且是第一次来瑞典后，他骄傲地说，来到斯德哥尔摩就一定要住在老城区，才能真正感受这个城市的古老和美丽，而住在他们家是最正确的选择。我是听出来了，原来老爷子是夸自己家呢。老爷子的风趣和幽默，让我初次来到这里就对这个城市产生了好感。

来到斯德哥尔摩，少不了要踏上几个小岛，领略一下“北欧威尼斯”的魅力，也要到市政厅体验每年冬季在这里举行的诺贝尔颁奖典礼，到斯堪森博物馆看瑞典人最传统的生活方式，到国会大厦以平民的身份旁听一场关于国是国政的辩论会，到音乐厅聆听一场瑞典皇家爱乐交响乐团演奏的音乐，如果是冬天来，幸运的话还可以看到极光，夏天的话则有湛蓝的海，以及最新鲜的海鲜。

新城千般好，但最让我留恋的，始终是斯德哥尔摩老城，它位于城岛，地铁红线和绿线的斯德哥尔摩老城站。在斯德哥尔摩的几天时间，我们都住在老爷子家，每天晚上，幽静迷离的灯光伴着我入睡，然后在第二天的早晨，跨越梅拉伦湖前往市中心的老城广场。这座广场连接起了古城所有的道路，古城的每一条路，每一条街最终都汇聚到这里。所以在

斯德哥尔摩大教堂

这里不用担心会迷路，因为条条大路通向老城中心。

瑞典长期以来都是中立国，仿若遗世独立般，静静伫立在北欧大地，与世无争，使其成为一个少经战火的国家——200多年来，斯德哥尔摩从来没有经历过战争，老城依旧保存完好。那些自13世纪开始就存在的老城建筑——中世纪的小巷、石板街、雕塑、保存完好的北日耳曼式民居，楼房低矮，色彩缤纷。成片的老式建筑中，隐藏着许多古典雅致的老教堂，包括赫赫有名的斯德哥尔摩老教堂。但哪怕是斯德哥尔摩最古老的教堂，也淹没在风情万种的日耳曼式建筑中，直到走近大门，抬头望见高耸的绿色塔顶，那是大教堂的标志，才发现原来这里就是斯德哥尔摩大教堂。它建成于1306年，是城内最古老的建筑之一，在当时欧洲教堂建设并不显赫的时代，斯德哥尔摩教堂沉淀的文物和艺术绝对是无与伦比的。教堂毗邻着老皇宫，是瑞典的皇家教堂。2010年，维多利亚公主就是在这里与她的私人健身教练韦斯特林先生举行隆重的皇家婚礼。虽然从外墙看，这座哥特式建筑风格的教堂并无特别新奇之处，但难掩内部华丽的装饰和精美的雕塑，有些雕塑的精美程度，不亚于中国古代的佛像木雕。虽然是教堂，但同时它也是一个博物馆、展览馆，展出瑞典国宝级的文物。

在老城，不需要匆忙的步伐，不需要走马观花，花上半天时间慢慢走着，也有满意的收获。

除了老城的历史，让我流连于此的重要原因还因为，这里隐藏着许多旧物店、工艺品店以及开在地道里的古玩店。从胸章、工艺品到家具，虽然不成规模，却精致古朴。

斯德哥尔摩是个充满形色元素的城市，那些号称不喜欢传统大都市的人，也能找到爱上它的一百个理由。几乎每个行业的人都能在这里寻找到属于自己的元素。对于设计师来说，这座城市无处不在的创意和艺术画廊，随时能碰撞出灵感的火花；对于热爱摄影的人来说，斯德哥尔摩是个值得用镜头去仔细记录的城市，“Photographiska摄影展览会”让

在瑞典首都斯德哥尔摩

你迈不开脚步；对于热爱美食的人来说，那些隐匿于街市之间的美味时刻在诱惑食客的味蕾；对于艺术家来说，斯德哥尔摩大教堂里有精美的、足以媲美中国古典雕塑的西式雕塑、壁画；对于文艺青年来说，老城的古典和唯美，可以安放每一颗来到这里的文艺的心；对于科研工作者来说，诺贝尔奖是他们科研人生的最高梦想；对于淘宝达人来说，令人眼花缭乱的旧货商店、市集就是天堂……

回到民宿，跟民宿主人请教斯德哥尔摩的旧货市场情况，这个老绅士就是斯德哥尔摩一张活脱脱的老城旧物地图。只有那些在这个城市生活几十年的老市民，才最清楚这个城市的过去和现在，最清楚那些隐藏在街头巷尾不为大部分人知的秘密。

瑞典特色的旧物市场

作为一个经济社会高度发达的国家，瑞典的市场经济体系非常完善和成熟，而旧物市场经过漫长的发展，也形成了富有瑞典特色的模式。

瑞典旧货市场最大的特点应该就是拥有公益性的旧货市场。所谓公益性的旧货市场，就是鼓励人们将剩余的物品无偿捐献出来给旧货市场，旧货市场将所卖利润用以帮助穷苦人民改善生活条件，为有生存困难的人提供救助，而政府对这些公益型的旧货市场免于税收。其中比较知名的有形成于 1890 年的蚂蚁旧货连锁店，它最初是由当时的救世军所开办的第一家福利救济院，后来又开设了专门维修家具和鞋的福利工厂，用以帮助那些刑满释放的人和失业者，所得利润全部用于城市的福利救济事业。经过一百多年的发展，蚂蚁旧货连锁店已经发展成在瑞典近 20 个城市拥有 20 多家连锁店的瑞典最大公益性旧货市场。其销售的旧货，从图书、服装、鞋类、家具、玩具到装饰品、纺织品等多种门类，全部由瑞典公民捐献和赠送。公民有旧物要捐献，只要拨打收购中心的电话，

瑞典市民广场

瑞典皇宫内院

中心就会派车到家中取货，经过检查和消毒，再运送到分类中心进行分拣后送到对应的连锁店。随着公民捐赠的旧物越来越多，远超过本土所需的数量，近年来，蚂蚁旧货连锁店还将多出部分销往其他国家，如东欧国家、伊拉克、突尼斯等国家的二手商店。这种公益型的旧货市场，不仅让众多的旧货得以重复利用，节约资源，让社会、民众的善心得以表达，同时又能够帮助穷人，让贫困者能够以最低的价格买到物美价廉的商品。在瑞典，这种捐赠、经营、捐助的公益型旧货商店模式已经非常完善和成熟，这种可持续的旧物市场模式逐渐得到国际社会的关注和认可。

瑞典皇宫内院

除了公益型的旧货市场，瑞典还有许多市场型的旧货市场。由于瑞典国情的特点，也造成了旧货市场拥有明显的特征。大致来说，瑞典市场型的二手市场主要有三大种类。

一是生产资料旧货市场。瑞典科技工业发达，许多大企业会自行生产许多现代化设备，也从国外进口，因而生产设备更新换代的速度非常快。同样，生产设备的淘汰也非常快，这些剩余的生产资料为旧货市场提供了充足的货源。所以瑞典生产资料类的旧货市场非常多，出售的种类也多，这不仅吸引了许多热爱工业旧货的人来这里寻宝，为数众多的中小企业也到这里来购买二手设备，一些咨询公司、中介公司也会来这里为其他国家的企业寻找合适的二手设备。瑞典工业协会旗下的《Verkstaderna》杂志还会不定期发行这些二手设备的广告。

二是二手汽车市场的发达。瑞典是北欧最大的国家，地广人稀，总面积约45万平方千米的土地上住着969万的人口（2014年），人口密度才21.1人/平方千米，居住分散，但生活水平高，汽车成了瑞典人家必不可少的交通工具。因为瑞典的汽车普及率非常高，随之而来的是二手汽车市场的发达。无论新车旧车，对于瑞典人来说，区别只在于收入的情况。瑞典的汽车市场开放程度很高，各个国家、各种车型的汽车都有，买车、卖车、换车都可以在一个市场里完成，非常便利。许多车行还有推出许多优惠政策和以优质的服务吸引消费者。不过这种二手汽车市场并没有独立的商店，但几乎每家车行都有二手汽车市场。

另外就是我们通常所说的旧货市场，也是我要找的旧货市场。

在老爷子的指引下，我找到距离斯德哥尔摩市区20公里左右，位于北郊泰比地区的露天的周末二手市集。市集设在一个大跑马场的停车场上，地方开阔，上千个汽车摊位依次排开。只要交纳150瑞典克朗（人民币约为117元）的费用，就可以把车开到这里来摆摊叫卖。要知道，这里的居民平均月收入将近3万克朗，这点儿摊位费对当地人来说并不算什么，所以一到周末，当地人都喜欢来这里摆个摊位，出售自家闲置的二手物品。上千辆车整齐摆开，一辆挨着一辆，单是那场面就颇为壮观。二手商品种类也繁多，从瑞典老式家具用品、唱片光碟、书报杂志、老旧相机到古玩古董、家电家具，应有尽有。运气好的话，你还能找到有一二百年历史的黄铜制品、银器饰品、陶瓷器皿等等，颇有收藏价值。

摆摊的人既有偶尔来的玩票卖家，也有职业卖家，这从他们的摊位摆放上就可以看出来。业余卖家摊位摆放比较随性，职业卖家则摆放讲究，且大多是比较有品位的商品。职业摊贩之所以看中跳蚤市场，就在于这里人流量大，商品比起其他地方更容易售出，同时还因为这里摊位便宜，且不收税，卖的钱都由自己所得。

而那些周末来摆摊的普通市民，一个原因是因为瑞典没有废品收购站，家里闲置剩余的物品必须自己送到废品处理场，对于市民来说，与其将那些闲置用品处理掉，还不如拿到跳蚤市场卖掉，或者把它们送到公益型跳蚤市场，又或者把它们送给有需要的人，都比送到废品处理场更能发挥它们的价值，让物品得到循环利用，减少资源的浪费，也更加环保。不过因为他们卖的东西杂乱，想买到称心如意的商品还得花上一番功夫，他们多是抱着卖掉总比处理掉好的心态，所以卖的价格要比职业摊贩便宜得多，在这些地方往往也能淘到一些不错的商品。就是在这里我淘到一个年代久远的花瓣纹石碗。

花瓣纹石碗

便宜的摊位费、低廉的价格、繁多的物品，使得这个旧货市场的人气越来越高，成为斯德哥尔摩最大最红火的露天跳蚤市场，也成为斯德哥尔摩人周末休闲玩耍的好去处。在这里，你不需要寻找那些时尚的奢侈品，因为原汁原味的斯堪的纳维亚风格才是这里最永恒的时尚。

斯堪的那维亚的夏日
这是一个阳光明媚的季节
白日永无止境，黑夜总是灿烂
人们在大自然中尽情享受雨润阳光、新鲜而简约的美食
这是一个收获的季节
道地的菜蔬清新可人
带着泥土味的土豆、走地的鸡鸭，或煮或蒸或烤
这是一个万众欢乐的季节
生活不难，朋友很近
我们为沉浸其中而自豪。

哥本哈根：不被时间遗忘的精致

第四章 丹麦

哈布是我在美国加州大学培训时认识的朋友。一天闲来无事，我到当地的一个市集转转，遇到也去淘货的哈布。这个有着黑色皮肤的北欧人给我留下了深刻的印象。他大概也是这样看我的这个东方人的吧。后来又一次在那个市集上碰到他，一回生，二回熟，便开始聊起来，发现都喜欢老旧物品，聊起来便没完没了，干脆就成为朋友了，想淘货的时候就约上对方，两个“臭味相投”的人一起逛街，可以相互参考，也更有意思。

哈布是非洲裔的丹麦人，做贸易生意，经常全世界到处跑。那次他在美国待了一段时间后就走了，走之前，我们约定，如果他到中国，便来看我，我到丹麦，便去找他。

2011 年，终于要到丹麦去，我提前联系了哈布，刚好那段时间他也在丹麦，嘱咐我到哥本哈根一定要联系他，他会安排好时间来陪同我。有了哈布这个本地人，很多事情会好办许多。

丹麦是北欧五国之一，濒临北海和波罗的海，首都哥本哈根就位于西兰岛东偏北位置，与瑞典的马尔默隔海相望。哥本哈根算得上是北欧国家中历史最长的一座城市了——有一万年的历史。这里也是世界上幸福度最高的地方。

经过二十多个小时的飞行，下飞机后，走到机场等行李的大厅，抬头就看到悬挂着的著名的嘉士伯啤酒广告：“Welcome to the world ‘s happiest nation”，欢迎来到世界上最快乐的国家。

充满童话元素的古城

当晚住在新港运河旁边的酒店。早晨醒来，站在窗前望着窗外的哥

行走在哥本哈根街头

本哈根，让我想起村上春树的一句话，“我很想看到渐次泛白的黎明时分的天宇，想喝热气腾腾的牛奶，想闻早晨树木的清香，想翻晨报的版面。”此时，窗外湛蓝的天空与云彩交织，繁忙的新港运河上，船只往来停靠；波光粼粼的水面上，野鸭旁若无人地畅游；河道边，彩色的房子鳞次栉比，排列整齐。每到夏天，来自全世界的游客都会在此享受北欧的夏日时光，聆听丑小鸭和卖火柴的小女孩的童话，静静坐在河道上，品味那悠远的文化气息。

如今的新港河是哥本哈根地标性的旅游胜地，据说这里也是当年安徒生写作《安徒生童话》的地方。它是开凿于1669年至1673年间的一条人工运河，至今有300多年的历史。据说当时建造新港河是为了将繁华的海上交通引进城市，促进哥本哈根经济的发展。300多年过去，新港河依然带动、引领着哥本哈根经济的繁荣，润泽着这片诞生了安徒生的土地。两岸彩虹色的房子，将来到这里的游人带入童话的世界。

安徒生的名字早已与哥本哈根，与丹麦紧紧融合在一起。熟知哥本哈根的人，大多因为安徒生童话，或者哥本哈根大会，但可能很多人不知道的是，哥本哈根还是北欧的美食天堂，拥有北欧最多的米其林餐厅；它的交通系统非常发达，堪称现代大都市的典范；它拥有世界顶尖的设计师，街头巷尾，到处可以看到各种设计作品、艺术品；作为现代大都市，哥本哈根却充满浓厚的古典气息，拥有众多的古堡和皇家别院；金发美女与单车少年，茂密森林与洁白沙滩，琳琅商品和各色美食，处处体现着这座童话之城的魅力。

哥本哈根没有高楼大厦，因此，想像在国内一样，找个几百米的摩天大楼俯瞰全城是不可能的，但可以登上丹麦皇室的夏宫——克里斯蒂安堡宫塔楼的顶端，它的塔楼正是哥本哈根老城的最高点。因哥本哈根与瑞典的马尔默隔海相望，所以站在塔顶不仅能看到哥本哈根的老城，甚至还能远远看到海对面的瑞典。

记得小时候读的第一篇安徒生童话是《海的女儿》，童话中，小美人鱼是凄美的化身。这里就是小美人鱼的故乡了。在哥本哈根的长堤公园里，有一尊小美人鱼的青铜雕像，小美人鱼静静跪坐在海边，悲伤的脸上，是忧郁的双眼，远眺着辽阔大海，伴随着湛蓝的海水，翱翔的海鸥，如织的行人，守望千年，百转千愁，荡气回肠。作为童话的故乡，哥本哈根文化的灵魂，都落在长堤公园的小美人鱼铜像上。

人鱼铜像

哥本哈根还是拥有世界顶级设计师的地方，从新港老屋到饭店，从博物馆到铸铁灯柱，从雕像塑像到各类商品，处处都体现出非凡的设计理念。艺术家将丹麦的历史、人文、生活与设计、艺术紧紧融在一起，所看到的建筑、塑像、装饰，都能感觉到：它古典，古典中又带着时尚；它现代，现代中又充满历史气息。走在哥本哈根街头，皇宫、图书馆、博物馆、民居、雕塑，路上随处可见的马车、自行车、汽车等等，明明是 21 世纪的哥本哈根，却又像置身中世纪的欧洲。

丹麦三宝

习惯性地，每一次旅行中，我都会安排出一部分时间，来逛逛当地的旧货市场。这是雷打不动的习惯，你不知道最后会淘到什么东西，或者遇到什么，正因为未知，所以充满惊喜。通过这种方式收集全世界的旧物“垃圾”，最终会成为我走过的路的痕迹，它们意义非凡。

哈布带着我走过这个城市值得走的地方。最后我还有一个要求，带我去看三大宝贝，同时去旧货市场捡一捡“垃圾”。

丹麦虽小，却有三大世界顶级的宝贝：银器、瓷器和琥珀。丹麦有一句很著名的谚语：如果银子会说话，说的一定是丹麦语。可见丹麦人对他们的银器制品是何等骄傲。银器制品中，最为著名的是乔治·杰生（Georg Jensen）设计的作品，它是丹麦国宝级的银器品牌，有一百多年的历史。

1866 年，乔治·杰生出生在哥本哈根以北的 Raadvad，他是铁匠的儿子，14 岁开始金匠学徒生涯，业余时间学习雕塑，希望成为一名雕塑家。后来，杰生进入皇家美术学院学习雕塑，旅居法国和意大利，多年后，他带着对雕塑造型艺术的热爱回到丹麦，在哥本哈根建立了一个简陋的银器制作工作间。他把学习到的欧洲许多民族传统艺术带到丹麦，把艺术与手工艺相结合，复活银器艺术，同时把丹麦的装饰艺术传统和艺术概念重新复活起来，在吸收传统文化精髓的基础上进行创新创造，不复古，不翻版，而是以制作精良、典雅卓绝而享誉欧洲。1935年，老乔治·杰生去世时，那小小的制作间已经发展成了国际级企业。“不要跟随潮流，但是如果你想在奋斗中保持年轻，就要遵循现在的一切。”这是乔治·杰生的座右铭，至今仍刻在他的工作间里。当然，乔治·杰生顶级昂贵的银器也不是普通消费者消费得起的。

除了银器，瓷器也是哥本哈根的文化精品。皇家哥本哈根陶瓷是世界上最古老的瓷器制造店之一，也是丹麦最好的陶瓷厂。至今，皇家哥本哈根陶瓷仍保留着手工制作，出品极慢，做工精致，因而被称为“不被时间遗忘的精致”，也体现出丹麦人的生活态度。他们家出品的“丹麦之花”是丹麦的国宝瓷器。精致到何种程度？据说10件瓷器要历时12年才能完成，其名贵可想而知。听闻最便宜的一件就要500多欧元，折合人民币近4000元。

琥珀是丹麦的顶级出品，素有“北欧黄金”之称。丹麦海域发现的琥珀特别之处在于，它们是由生长在3000万～5000万年前北欧地区森林中松树树脂形成，产量非常稀少，自然名贵。而最好的琥珀就是清晰度高且琥珀内有昆虫的。

我敬佩乔治·杰生、皇家哥本哈根的匠心精神和极致追求，但那毕竟是极少数的“阳春白雪”，对于我来说，“下里巴人”的老物品更为令我钟情。也许，相比专卖店里昂贵的商品，那些隐藏在山野间、市井中、巷子里、路边摊上的旧物“垃圾”，才是我所中意的。

摆摊是享受生活的一部分

计划逛完哥本哈根再去寻找各种市集，不想在一家购物商场旁边的小广场就巧遇一个小型露天市集，也是一个不小的惊喜。市集不大，有家具、手工饰品、玻璃陶瓷制品、金属品、老时钟、老服饰、壁画等等，风格或古朴，或现代，或细腻，或粗犷。北欧物价向来是出名的高，想来露天市集的东西也不会太便宜，询问了一下，不想价格却让人暗自欢喜。淘了两枚手工戒指，才30欧元，赶紧现金付款。

丹麦手工戒指

去阿马林堡宫的半路上也遇上周末露天古董市场。在哥本哈根这个古老的城市，每个人家里都会有各种各样的老货或者老古董，于是从各个地方赶来的手工艺人、古董商贩、私人个体就聚集在这里，兜售各种老货，原本在角落里落满灰尘的珠宝首饰、银器铜器、室内摆饰、碗碟杯具等日常用品，扫一扫，擦一擦，转身就成为摊上的老货，等待有缘人发现。不过，发光的不一定就是金子。琳琅满目的老货也是真假难辨，其中充斥着各种垃圾货物，是真是假，是好是坏，就只能看个人的眼力辨认了。幸运的话，可以从垃圾堆里淘到宝贝，运气差的话，可能就把别人家的垃圾变成自己家的垃圾了。

弗兰克（右）哈布（左）

在丹麦也有许多专门逛跳蚤市场的旧货达人。逛市集就是他们周末生活的重要部分。大大小小的市集，不仅是喜欢旧货者的天堂，也是了解这个城市历史、人文的一把钥匙——向每一个走近它的人展示这个城市的古朴、浪漫与骄傲。在这里，可以读懂城市的另一面。

为了满足我的小心愿，哈布特地找来一个做二手家具买卖的朋友弗兰克带着我逛旧货市集。恰逢生意上有些事务需要处理，把我交给弗兰克之后，他就回到公司忙活了。走时不忘再三吩咐弗兰克一定要满足我的心愿，不仅要满足我逛旧货市场的欲望，如果要到乡下收集各种二手货，一定要带上我。哥本哈根之行让我深刻体会到，有相同爱好的人能感受他人之所需，很感谢哈布的真诚。

弗兰克对哥本哈根旧物市场的规矩了如指掌，甚至对买方和卖方的心理都能清楚地把握。也难怪，他是吃这碗饭的人，跟他比起来，我就显得很业余了。路上，弗兰克滔滔不绝讲起哥本哈根的旧货市场。

因地处北欧，靠近北极，哥本哈根的冬天很漫长，所以难得的夏日阳光总会吸引世界各地的游客慕名而来，享受美好的时光。但漫长的冬日也不会单调，那绚烂的北极光总是让人为之痴迷。每年 4 月到 10 月是北欧最好的时光，那时候，一到周末阳光灿烂的时候，在新港河边、露天空地、广场上、街道边都会聚集起大大小小的旧货市场，其中最有名的当数托瓦尔森（Thorvaldsens）古董市集，它位于一个叫“Nørreport”的地方，市集由两栋玻璃帷幕似的建筑组成，中间是露天市场。从 København H（中央车站）到“Nørreport”站有许多车可以到，大约每五至十分钟就有一班，交通非常方便，出站后就可以看到市集。

托瓦尔森古董市集上的每一件老物品都藏着属于这个城市的故事。在这里摆摊的很多都是老太太老先生，那些老物件就跟他们一样古老，甚至比他们还老。明媚的阳光下，他们慢悠悠地，一边晒着太阳，一边摆弄着那些老朋友。他们都非常和善，如果你问起，他们会教你如何鉴别丹麦老铜器的工艺，给你讲一个瓷盘与这座城市的故事，给你讲丹麦经典咖啡壶的来历和传奇故事，他们甚至会主动与你讲起他们卖的物品的缺陷。

与其他地方专注买卖，想方设法招揽买家，甚至卖家买家都使出各种撒手锏，在砍价与反砍价之间周旋较量的市集不同，哥本哈根旧货市场或创意市集的卖家既有退休的老教授，也有上班族、学生，他们把东西摆好，就端着茶或酒在一边聊天，或者也到周边摊位逛逛看看，认识同行，侃侃而谈，并不在意卖了多少。也许，对于他们来说，享受美好的阳光和生活，才是最重要的，而摆摊，不过是享受生活的一部分。

到乡下收旧货去

弗兰克本身是一个家具工匠，也是一个家具商人。他有一个自己的工作室，在哥本哈根旁边一个名叫维兹奥勒（Hvidovre）的小镇，距离哥本哈根市中心大概十几公里的距离，坐公交只需 1 小时。维兹奥勒是丹麦京畿大区的一座自治市，但人口非常少，只有不到 5 万人，在中国，充其量就是一个小镇。但它保持着北欧生活的风貌，在这里可以体验到真正的北欧生活。在维兹奥勒，路不多，但每一条路走到尽头，不是森林就是波罗的海。睁开眼是大海、草地、鲜花，抬起头是蓝天、白云，野生动物与人和谐共处。在这样的地方生活，不是诗人都能生出诗人的灵感。

弗兰克非常热爱这里。他的工作室既是工坊、商店，也是他的住所。他说，原本工作室和住所是分开的，他和女朋友在旁边租房住，但是后来女朋友离开了，他很失落，退了房子，就住到工作室来。在工作室里面隔了一间房作为起居室，这样能省下不少钱用于收集家具。他的工作室只在周末开张，平时就做一些整理、修补工作。除了收购、修补、销售家具，他还能自己设计制作家具。当然，他自己设计制作的家具价格不菲。没事的时候，他就开着车，到周边寻找、收购老家具。丹麦素有“家具王国”之称，虽然物价要比周边国家城市高，但是在家具的供给上，

周日集市

丹麦有着绝对的优势，不仅产量充沛，且价格也相对较低。弗兰克的很多家具也会卖到德国等周边国家。

那天中午，我们就在弗兰克的工作室吃饭，他亲自下厨做饭请我吃，三明治寿司、海鲜、奶酪，还有鼎鼎有名的哥本哈根啤酒，充满大海的气息。

饭后，弗兰克带着我逛了当地的两个旧货商店。途中接了一个电话后，他告诉我要去收一批家具，叫上我一起去。真是来得好不如来得巧啊！

弗兰克是这一行的资深人物，在许多地方都有他的朋友，或者联络的人。如果有人要搬家，或者处理一些旧家具，就会联系他，他开着车去拉。通常一些急着搬走或者着急出售的人，并不会太在意能否卖出高一点儿的价格，对于他们来说，时间更重要，所以他往往能以非常低的价格收来。但也不是每一次都能有所收获，如果碰上实在破烂得没法收的，或者不是他想要的，就只能白跑一趟；碰上喜欢的，他当场全部收下，回去经过清理、修补后，又能卖出一个好价钱；碰到自己中意的，他就自己收藏起来不卖了。

那天非常幸运，碰上一个剧院装修，把老的椅子都卖了，而那些椅子看起来非常不错，虽然看得出用过很长时间了，但依然保持得非常干净整洁，可见剧院工作人员的用心。连我第一眼看到都非常喜欢，于是那天，我们满心欢喜地拉回了一车剧院的椅子。

在哥本哈根最后一天，弗兰克特别约上哈布和我到一个叫纸岛（Paper Island）的美食集中地喝杯酒，那里有他朋友开的一间酒吧。其间，他交给我一个盒子，我问是什么，他说这是你们中国的东西，我以前在收旧

丹麦老交易所

晚清 青花人物山水壶

货的时候收到的，我很喜欢，一直留着，没有拿去卖。跟你在一起的时候，我感觉你非常喜欢这些古老的东西，我觉得这个很适合你，所以我想把它送给你，让它跟着你回到中国，回到属于它的地方。

我把盒子拆开，是一个陶壶，借着灯光看一下，那是一个老青花人物山水壶，一看就是中国造的，且是有一定年代的。听着弗兰克的话，心里非常感动，不知如何表达，嘴里念叨着：谢谢你，弗兰克，我非常喜欢，我会保存好，真的很感谢你。

临了，我与他们两人紧紧拥抱了一下，并约定下次来北欧一定还来哥本哈根找他们，而他们来中国也一定要到我生活的城市去看看。

伦敦：寻宝要在天亮前

第五章 英国

十多年后，当我再次踏上伦敦的土地，风景已与旧时大不同。

上一次来时是新世纪伊始，那时候，辣妹合唱团（SpiceGirls）的歌曲仍然响彻在伦敦的街头巷尾，蓬勃的朝气洋溢在每一个城市的角落；英国的沃达丰空中通讯与德国电讯集团曼内斯曼合并，诞生了欧洲最大的电讯公司；英国刚刚着手申办 2012 年奥运会，走在街头都能感受到伦敦民众脸上的热情……

十多年过去了，伦敦早已不是十几年前那个伦敦了。如今的伦敦，经济每况愈下，早已丧失昔日世界经济领头羊的地位；刚刚结束的脱欧公投，将英国从欧盟分离出去，首相卡梅伦辞职，女首相特雷莎·梅上台，成为英国史上第二位女性首相……英国将何去何从，我们都在等待。

但不管时局怎么改变，骨子里的伦敦，依然是那个骄傲的英伦首府，是日不落帝国升起的地方，是徐志摩的康桥。骨子里不变，就不会让人觉得陌生。反而是推倒重来式的变化，显得有点翻脸不认人，这在国内太普遍了。

在国内吸久了雾霾，到了伦敦，湛蓝的天空，清澈的河流，绿色的草地，低矮的建筑，终于可以舒心地呼吸了。然而谁能想到，20 世纪 60 年代之前，这里深受雾霾之害，烟雾缭绕，迷茫一片，是世界著名的雾都。

小说《凶手》就清晰地描写了当年伦敦雾霾的景象：

> 英国首都伦敦，大雾弥天，繁华古老的街道上看不出半点节日的热闹气氛，冷清得有点像坟地。强劲的冷风在街头巷尾横冲直撞，卷起地上的落叶和纸片碎屑，抛向黯淡的天空，街道两旁行人道上孤零零的煤气灯，冻得瑟瑟发抖，在迷雾中跳动着昏暗的光环。入夜，天气更显得晦暗可怖……

60 多年前，伦敦被黑暗的迷雾所笼罩。那场雾霾，共造成一万多人死亡，十多万人呼吸道感染疾病。其中，这一万多人死亡原因是支气管和肺部重度感染。这场造成严重后果的雾霾，终于让英国人痛定思痛，开始反思，并开始治霾：通过关闭工厂、少用煤炭；发展公交、控制私车；加大绿地、“胶水”吸尘等方法，经过几十年艰苦卓绝的“抗战”，终于换得今天伦敦的碧水蓝天，风景怡人。

有点扯远了，但伦敦曾经的雾霾和今天的蓝天，确实值得思考和借鉴。

伦敦塔桥之上

与肉菜市场混搭的旧货市场

言归正传。这次一起在伦敦的，还有我的朋友姗姗。

姗姗是我在广州的朋友，70后，淘货达人。她曾是旅游杂志的编辑，到过许多国家，酷爱老物品，后来自己出来闯荡，开了一个旧货商店，专门出售她从各个地方淘回来的老货旧物。店里请了专人打理，她的工作就是走走走，买买买。每年的大部分时间，她都在全世界各个角落游荡，寻找各种老物品。一个多月前，我约她吃饭，跟她说下个月准备去一趟伦敦，顺便问她近期的行程。刚好这两个月英国有几个大型的旧货市场开市，她也准备找个时间赴伦敦。一拍即合，约好在伦敦见面。我打算在忙完自己的事情后，跟着她逛一逛伦敦的旧货市场，希望能淘到一些有价值的"垃圾"。

一个天气晴好的周末，姗姗说要到市场买菜，亲自做饭请我吃，问我要不要一起去。我欣然答应。姗姗不仅热爱旧物，也是个美食达人，喜欢捣鼓研究各种菜品。这次在伦敦需要待上一两个月，她不想待在朋友家，原因很简单，她喜欢做各种各样的菜品，老是占用人家的厨房不太好意思。住酒店也没有厨房，短时间可以凑合一下，但时间长就不能将就了，于是她自己找了个带厨房的小房子租下，她的要求很简单，其他可以将就一下，就一点，必须有厨房。

周日，我们约在波托贝罗市集见面，地点是姗姗挑的。波托贝罗市

波托贝罗市集入口

集是伦敦整体规模最大的市集，那里的东西应有尽有。她说，我一定会感到惊喜的。

伦敦街头留影

波特贝罗市集位于伦敦市中心的切普斯托到戈尔伯恩路之间的波托贝罗路上。过去，这里曾是一个农庄，聚集了很多贩卖草药和马匹的吉卜赛人，后来逐渐形成市场。上一次到伦敦的时候，我曾到过这里，不过那已经是十几年前的事了。那时候，波托贝罗市集的规模还比较小，就只有一些卖生鲜、农副产品以及少量的卖熟食的摊位，规模、地位和人气远远不能跟有着两百多年历史的柏若市集相比。但十几年后，波托贝罗市集的规模和人气已经不可同日而语。近一公里的市集上，人潮汹涌，摩肩接踵，有本地的居民，也有许多游客，那热闹繁华的景象，着实让我吃了一惊。

更让我惊讶的是，波托贝罗市集不仅是肉菜市场，还有古董市集和跳蚤市场。这在我以前逛过的旧货市场中还是比较少见的。通常卖货物的市场与卖肉菜的市场都是各自独立的，卖货就卖货，卖菜就卖菜。但在这里，连古董市场、跳蚤市场也充满了食物和市井的气息。这么大型的肉菜市场与跳蚤市场、古董市场紧密相连，大概只有波托贝罗市集才有吧。

波托贝罗市集从南到北有三部分，即古董市场、跳蚤市场和肉菜市场。古董市场在市集的南面，靠近地铁诺丁山门站……咦，有没有一种熟悉的感觉，这个名字是不是在哪里见过？没有猜错，这里确实是罗杰·米契执导，茱莉娅·罗伯茨、休·格兰特主演的电影《诺丁山》的

诺丁山杂货店

重要取景地，看过这部电影的人想必对影片中的场景印象深刻。影片一开始就用一组镜头展示了诺丁山－波特贝罗市集的日常景象，各种摊位上售卖着鲜花、水果、肉菜、面包、小物品、古董、日常用品、廉价首饰，还有来自中国的陶瓷，两旁的商店也是以卖古董旧货为主，个性温柔善良的英国男人威廉・萨克开的旅行书店就在这些商店中，他和美国电影明星安娜・斯科特一段跨越地域和阶级的爱情就在这里上演。整部影片充满市井气息，也充满诱人的因素。因为这部电影，让诺丁山－波特贝罗市集一时声名大噪，吸引来自全世界的游客。每到周六，这里摆满古董摊、旧货摊，各式老旧物品让人看得眼花缭乱。不过如果要买的话可就得睁大眼睛了，这里不乏许多以假乱真的伪古董。

跳蚤市场在市集的北部。比起南部的古董市场，这里的东西更为杂乱。杂七杂八的物品都有，还有许多不知经过了多少手的衣物，让人忍不住怀疑其中可能真的藏有许多跳蚤。还有许多垃圾式的物品，大概都是从家里清出来，或者拾到的破旧东西，来这里碰碰运气能不能卖出去，换得一些银子到市场上买些食物回家。可想而知，在这里买东西真的就是淘“垃圾”了。不过凡事不能一概而论，我就看到几个看起来还不错的物品。

肉菜市场在古董市场和跳蚤市场的中间位置。市场上的农产品都是周边农民自家生产，每到周末，农民纷纷赶赴某处地点，可能是市集、露天空地，也可能是停车场，架起摊位出售自家的农产品，将原本单调的空地或寂寥的市场，瞬间变得五彩纷呈。看着各色新鲜的食材，味蕾也会随之点燃。

诺丁山的一大特色就是富有民族色彩，所以这里卖的食物也充满了民族风情和地域特色。除了供日常生活所需的果菜肉类摊位，还聚集了许多德国香肠、西班牙鸡肉、泰国小吃、非洲食品、地中海风味的橄榄等各国小吃，人气十足。每个摊位前面都挤满了人，大部分是来此观光的游客。穿行在人潮般的市场里，耳边交杂着英语、德语、西班牙语、阿拉伯语以及许多听不懂的语言。路边还有坐着拉小提琴卖艺的老先生，那画面让我想起《泰坦尼克号》沉没时，那一帮拉小提琴的音乐家。提琴声悠扬，与行人喧闹声混杂在一起。不管怎样，老先生的举动让人很有好感，表达的方式，就是往提琴盒里放一些小费。卖艺与乞讨，是完全不同的两码事。

所以说，逛市场是个体力活，要想逛完整个波特贝罗市集，起码得花上一整天的时间。我们走马观花似的走了一圈，也花去了几个小时，最后才回到肉菜市场。

那天晚餐，姗姗用东南西北结合的手法，煮出了一顿大杂烩，在西餐中能吃出印度的味道，在中式菜品中又有地中海的风味，让人不知道如何去形容，她把走过的地方的痕迹都融入菜品里面了，五洲四海的风味都能在里面找到一些身影。姗姗做饭不是按一般的程式来，而是经常突发奇想，随机组合，信手拈来，果然菜如其人。

日出前的买卖都是合法的

后来，我还跟着姗姗到柏孟塞市集，因为她想购买一批银器，而柏孟塞市集就是以银器著名。

柏孟塞市集位于伦敦南岸的塔桥路一个露天广场上。这个市集起源于 20 世纪 60 年代，是伦敦最热闹的古董市场之一。但它只有周五早晨四五点至中午营业，其他时间都是不开业的。在旧货市场淘过东西的人都知道，想要淘到好东西，必须赶在集市开门的时候去，去晚了好货都被人挑走了。为了第一时间淘到好东西，我们早晨五点多就赶到了柏孟塞市集。天还没有亮，市场内已经摆起摊子，还有赶早来淘货的，借着周边的灯光，巡视着摊上的货品。据说这个市场最多的时候有 500 多个摊位，出售老式家具、珠宝、瓷器、望远镜、陶瓷像、放大镜等旧物，其中以银器最为出名。这里的银器有纯银和镀银之分，纯银是按克算的，相比而言，镀银就比较便宜。但无论是纯银还是镀银，都比外面卖的要便宜得多。我们是有备而来，赶到其他淘货者之前来，姗姗很快把看中的银质餐具和一些老首饰都买下了。当然，我也没有空手而回。一件后

民国晚期的粉彩松鹤壶

经鉴定为民国晚期的粉彩松鹤壶就成了我囊中之物，价钱不贵，大致在人民币 200 元左右。天慢慢亮了起来，来此淘货的人越来越多，而我们早已达到了此趟的目的，不用担心与其他人抢货了。

我们在旁边找了一家餐馆坐下，点了咖啡和早餐，一边喝着咖啡，一边看着市集上熙熙攘攘的人群，顺便环顾一下周边的环境，原来柏孟塞市集就在几座楼宇间的空地上，很是热闹，相比之下，周边的一些商场却没有什么人气。据说柏孟塞市集原来有许多比它更古老的古董市场，有些具有百年以上的历史，但由于日渐衰落，都纷纷离开或转让了，只能看到一些曾经的招牌。如今只剩下柏孟塞市集在周五会开业，不免令人感叹。

经过姗姗的讲解才知道，为什么集市多在黑夜中开始交易，也是有它的历史原因的。伦敦有句古谚语：“日出前所有的买卖都是合法的。”英国曾有一项古老的法律规定，在伦敦，包括柏孟塞市集在内的几个指定的市场，在日落后至日出前所交易的商品，在法律上可以免于质疑，所以，即便是赃物或来历不明的物品，也可以在这几个市场出售给收购者。这项法律到 1995 年才正式废止，但天还没亮时就开始交易的习惯，却一直延续着。也因此，柏孟塞市集成为伦敦最重要的市集之一，吸引许多来自各地的收藏家、古玩爱好者和游客等。

几百年不变的约克古城

除了伦敦，英国还有许多让淘货者情有独钟的地方，比如，距离伦敦大约 5 个小时车程的约克郡。

伦敦市区逛得差不多的时候，我们把目标对准了约克郡。于是，在一个天气晴朗的早晨，我们开车奔赴约克。

相信许多到过约克的人，都跟我有一样的感觉，来到后便爱上这里。

在约克古城

约克是座有着两千年历史的古城，罗马时代修建的城墙，依然坚固地环绕在古城四周，至今保存得非常完好。据说许多街道的景观依然与几百年前一样，未曾改变。就是说，今天我们看到的古城，也是几百年前的模样，这很不可思议。约克人对城市的保护意识令人心生敬意。

在约克古城历史上，曾经发生过著名的“蔷薇战争”，也称“玫瑰战争”（权力斗争的名字也能起得如此诗意）。英王爱德华三世的两支后裔，约克家族和兰开斯特家族为了争夺英格兰王位，在此打了三十多年的内战。莎士比亚在历史剧《亨利六世》中，用红玫瑰和白玫瑰两朵玫瑰花作为战争的起因，人们因此将其称为“玫瑰战争”。为了纪念这次“玫瑰战争”，英格兰把玫瑰作为国花，以红白玫瑰作为皇室的徽章。在英国街头巷尾、房前屋后随处可见的玫瑰花，就这样与战争、与皇权紧紧相联。

走在约克古城浓绿翳天的大道上，湛蓝的天空中充溢着花香气息，清新的空气扑面而来。走过一栋栋充满岁月痕迹的老屋、老商店、老教堂，让人心情愉悦。古老的城墙、木屋、石屋，铺着石板的马路，随处盛开的鲜花，几百年不曾改变的街景，时光在这里走过，却没有带走什么，能够感觉到约克人骨子里骄傲。或许这是约克与时间早已许下的约定。不管怎样，都让来到这里的人流连其中，沉浸其中。

约克的魅力在于它的古老，它的一成不变，它几百年如一的风貌。当然，还有那里众多的古老的宝贝和老旧的“垃圾”，这才是约克真正吸引我的地方。

约克古城里分布着许许多多的古董商店、旧书店、旧货市集，他们分布在古城的每条街道上，每个角落中，不需要特地寻找，因为随时可以遇到。你可能会在旧书店中找到一两百年前出版的，已经绝版的旧书，也可以在古老的教堂内聆听古老的乐曲，还可以在古董商店内，找到心

路边杂货摊

仪又实惠的老物品。我就在路边小店的书堆里，淘到一百多前出版的旧书和老茶壶，至今依然非常时尚，有情调。岁月没有让它们成为垃圾，反而让它们变得更加古朴有韵味，拿在手上，分明能看出时间留下的善意的痕迹。

还有许多慈善二手店，顾名思义，那是用于做慈善的二手商店，商店里售卖许多小的老物件，价格便宜，所得收入都用于慈善事业，如爱猫、爱狗等，而且售货员都是义工。运气好的话，你还能碰上假日古董市集和旧书市集。之所以说需要运气，因为它是不定期开展，需要留意报纸通知才会知道。

约克是值得花时间慢慢品味的地方。路边随处可见的咖啡馆、小酒馆、餐馆可以任意休息。这些咖啡馆、酒馆、餐馆都是由老宅装修而成，充满情调和情怀，风格不尽相同，装潢或豪华贵气，或精致温馨，或古色古香，或英式风格。走累的时候，坐上一坐，来上一杯咖啡，沉思往事，这里多是行人区，不用担心被汽车的嘈杂声打扰；享受一餐具有闲适气息的英式下午茶，伴着悠扬的现场钢琴演奏，沉浸在浓郁茶香和糕点的气息中，舒适惬意，价格还都不贵。

在约克，总会在不经意间遇到惊喜。可能在下一条街道，你就能发现不一样的风景；可能转角，就能碰到心仪的老物品，给你带来新鲜的感觉。

伊斯坦布尔：奥斯曼辉煌的遗迹

第六章 土耳其

伊斯坦布尔，名字听起来就让人浮想联翩，充满向往。

从伊斯坦布尔出发，沿着海路向北可以直达黑海沿岸各国；南面紧接地中海，可通欧亚非三大陆；向西，紧邻欧洲大陆；向东，连着亚洲大陆，虽然有帕米尔高原横亘其中，也挡不住经济和文化往来交融共生的力量。在长达两千多年的历史中，丝绸之路上驼铃声声，商贾往来不绝。来自东方中国的陶瓷、丝绸、茶叶从长安出发，沿乌鲁木齐、阿拉木图（今哈萨克斯坦境内）、江布尔城（怛罗斯，今哈萨克斯坦城市）、托克玛克（碎叶城，今吉尔吉斯斯坦城市）、萨莱（今俄罗斯境内）、萨克尔，最终到达伊斯坦布尔；或者，沿咸海、里海、黑海的北岸，经过碎叶、怛罗斯、阿斯特拉罕（伊蒂尔）等地，最终到达伊斯坦布尔，再从这里流入欧洲、非洲大陆。而来自埃及的香料、西域的珠宝黄金、矿石、颜料、动物皮毛、植物等也从这里沿着丝绸之路传入东方中国。

从前，伊斯坦布尔只在梦中存在。几年前，我因工作的缘故，终有机会踏上那个让人充满幻想的古城。

有着 2700 多年历史的伊斯坦布尔，曾是古希腊城邦国拜占庭古城的旧址，公元 330 年，罗马大帝君士坦丁决定将罗马的都城迁移至此，建立拜占庭帝国，故称君士坦丁堡，也称新罗马。1453 年，拜占庭帝国被奥斯曼帝国征服，奥斯曼帝国在此建都，才将君士坦丁堡改名为伊斯坦布尔。从那时起，伊斯坦布尔一直是土耳其帝国的首都，也曾是土耳其共和国的都城，直到土耳其独立战争期间才迁都到今天的都城安卡拉。

作为曾经的世界三大城市之一，也是世界上唯一一个横跨亚欧两大洲的城市，伊斯坦布尔集欧亚非三大洲的民族、思想、文化、艺术精粹于一身：东方文化与西方文化在这里交会，基督教与伊斯兰教在这里碰撞倾轧，传统与现代在这里共生，也因此留下了许多东西方文化交融碰撞的痕迹和旧物。虽然如今的土耳其首都在安卡拉，但无论从哪方面看，伊斯坦布尔都是土耳其的经济、文化中心。多文化碰撞交会的地方，总会诞生许多优秀的人物和作品——今天的伊斯坦布尔仍拥有 40 多座博物馆、20 多座教堂和 450 多座清真寺。这些建筑和其中收藏、保存的大量历史文物，见证了伊斯坦布尔从古至今作为东西方交会点的生动历程。

如今，辉煌退去的君士坦丁堡成了伊斯坦布尔，静静地躺在蓝色博斯普鲁斯海峡温暖的怀抱中。它像一个皇族公主，褪去高贵的身份和贵族的华服，成为一个市井中的温柔女子。但它身上，依然保留着曾经的贵族气息和高贵的品质。

帕慕克和他的伊斯坦布尔

在伊斯坦布尔欧亚大陆桥旁

窗外，是静静依偎在晨曦中的伊斯坦布尔。海鸥清脆嘹亮的叫声从不远处的海面传来，鸽子成群在屋顶掠过，加拉太塔高高矗立，塔下，老人独自抽着烟，小贩推着车开始一天的叫卖；远处，祷告声在教堂中回荡。

这样的场景，让我想起土耳其文坛巨擘帕慕克和他笔下的伊斯坦布尔。帕慕克出生于伊斯坦布尔，在他眼中，这是一座“随处可见老房子与大工地”的城市，那些东倒西歪、残破败落的老房子是“沉默孤独地倾塌于此的又哑又瞎又聋的房屋”。在他的《伊斯坦布尔》一书中，这座城市充斥着乡愁与落败，但古老的道路，红色屋顶的哥斯特建筑，灰色的伊斯兰房屋，彩色的玻璃，蓝色的海洋，高耸的塔楼，都昭示了它厚重又斑斓，古老而又充满活力的岁月，像一张黑白照片，脏乱中散发出一股忧伤之美。

第一次走过加拉太大桥时，一边端详着《伊斯坦布尔》中写到的古城的景象，不知不觉中钻入了伊斯坦布尔迷宫般的街巷之中。那些年代久远的老房子墙壁脱落，鹅卵石子路坑坑洼洼，破烂的喷泉，似乎与百年前并无太大区别，记录这里历经的漫长岁月。身在这样的情景中，更能领会帕慕克笔下的伊斯坦布尔，也许，当年他也是面对着这样的景象写下他的乡愁吧。

而当我黄昏时站在加拉太大桥上，看到的却又是另一番景象。博斯普鲁斯海峡邮轮船只往来繁忙，海面上海鸥的鸣叫声高亢而清脆，不远处的耶尼清真寺回荡着庄严而肃穆的宣礼声，居民区星星点点的灯火陆续亮起，汽车在漫长秀丽的海岸线驶过，夕阳慢慢坠落，海水越来越蓝，金角湾越来越黑。海天一色的美丽瞬间，让人忍不住感叹上天对伊斯坦布尔的眷顾和偏爱。也许什么都不做，就这样静静坐上一天，也能有一种心满意足的美好吧。

帝国最辉煌的记忆

在伊斯坦布尔的许多地方和建筑中，都能看到这座城市往日的辉煌。

博斯普鲁斯海峡海水湛蓝，它连接黑海与马尔马拉海，将欧洲与亚洲大陆一分为二，是黑海出外海的第一道关口，也是伊斯坦布尔连接世界的重要通道。在希腊语中，博斯普鲁斯是“公牛”的意思，在古希腊神话中，万神之王宙斯曾经变成一头雄壮的神牛，驼着一个美丽的公主，穿越这片汹涌澎湃的海峡游向了对岸，人们因此把这条海峡称为博斯普鲁斯海峡。当年，奥斯曼的苏丹在这里高喊“我是两片海，两个洲，一个世界的统治者”，回声仿若依然回荡在海峡两岸。博斯普鲁斯海峡分开了欧洲大陆和亚洲大陆，横跨其上的欧亚大桥又重新将欧亚大陆连接了起来。

从金角湾乘坐渡轮出发，短途可以到亚洲区，长途可以出博斯普鲁斯海峡到达黑海。曾经，穆拉德二世的舰队就是驶进这片海域，从而改变了世界的东方和西方。拜占庭帝国和奥斯曼帝国的海军和海洋运输活动也都集中于此。当年，伊斯坦布尔的少年们最喜欢站在加拉太大桥上，数着来往博斯普鲁斯海峡的船只。如今，我也像当年的少年一样，看着往来海峡的船只，却是少了当年况味。

蓝色清真寺是伊斯坦布尔穆斯林的骄傲，这座400年的古老清真寺以其六座高耸的宣礼塔围绕巨大的圆顶型主体建筑而闻名于世。清真寺内全部用蓝白亮色的瓷砖作为装饰，当阳光透过彩色玻璃时，在瓷砖上反射出奇幻的蓝色光晕，因此被称为蓝色清真寺。据说当年建造该寺时并没有使用一颗钉子，却历经地震战火而不倒，可见其工艺之精湛。

以加拉塔为核心的加拉塔萨雷地区，是伊斯坦布尔比较富裕的地方。至今，加拉塔还是伊斯坦布尔老城区整体最高的建筑。从公元6世纪开始，加拉塔便一直矗立在此，见证古城的兴盛和衰落。它曾经在13世纪的时候被焚毁，14 世纪由热那亚人重建，它不仅是最佳的观景平台，同时还曾是监狱、警卫塔、天文台等。在 67 米的塔顶上还能俯瞰整座城市。

一千个游客眼中，就有一千个伊斯坦布尔。无论从哪个角度，都能找到来到这个城市的意义。

大巴扎与小巴扎：奥斯曼遗落的古老市集

得益于得天独厚的地理位置和政治、文化、军事地位，两千多年来，伊斯坦布尔不曾离开世人的目光。它是奥斯曼帝国最辉煌的记忆。如今，这座千年古城依旧繁华如前，无数的游客慕名而来，让这座城市热闹非凡。

太过耀眼的过去，很容易让人跟随着这座城市的记忆，将自己置身历史情境中。干脆就让自己放空，置身这个城市的过去与现在，体味它的辉煌与失落，也就更容易发现那些散落街头巷尾，隐藏在角角落落的老旧物品的身影。

如果想从城中旧物看这个城市的兴衰过往，大巴扎绝对是独一无二的地方。

到伊斯坦布尔之前，大巴扎的名字早已耳熟能详。上学时曾经看过大巴扎的介绍，知道那是全世界最大的室内市集，也是每个来到伊斯坦布尔的人必到的地方。没有到过大巴扎就白到伊斯坦布尔了。这个自奥斯曼帝国时代就已经开始设立的市集，自古就是欧亚商品的集散地和中转站，历经五百多年，仍繁华昌盛。毫不夸张地说，它比你见过的任何一个市场都要繁华、都要气派。

大巴扎始建于 1455 年至 1460 年间的奥斯曼帝国，是穆罕默德二世下令建造，建成后即成为重要的贸易据点。16 世纪，苏里曼一世曾对建筑进行扩建，增加了圆顶哥特式穹隆弧棱拱廊，同时将骑楼网络向四方扩展。在 1894 年的大地震中损毁后，又进行了重建，但依旧延续了奥斯曼的古典风格。灰色的围墙内是庞大的拜占庭式石屋，硕大的石柱支撑高高的天花板，拱形的屋顶充满中东的伊斯兰风格，古典大气。

大巴扎建筑面积近20公顷，是全世界最大的室内市集。市集内街道纵横，共有11个入口，58条街，4000多个商铺。奴鲁奥斯玛尼耶（Nuruosmaniye）大门和巴耶塞特（Bayezid）大门是大巴扎最重要的两个大门，巴耶塞特的横匾上刻着苏丹阿布都哈密德二世亲笔题写的“真主喜爱经商的人”。市集内，每条街道都以主要经营的行当命名，如地毯街、首饰街、鞋匠街、裁缝街等，周边还有小清真寺、学校、餐厅，甚至还有土耳其浴室等。每天都有二十五万到四十万的人潮来到这里观赏购物，游人如织，络绎不绝。

在伊斯坦布尔清真寺前

19世纪，意大利军旅作家阿米琪斯就描绘过当时大巴扎热闹繁华的景象：一旦进入市场里面你会感到惶恐，其中挤满人群，每条都是市集，且几乎都由一条主街延伸出来，各有黑白石块相间的屋顶，并以寺院内正厅的阿拉伯雕饰装饰着。在灯光暗淡的街道上，马车、马夫、骆驼往来络绎不绝，轰隆之声直震天际，旅客处处可见，比手画脚谈论着，希腊商人大声叫喊，态度颇为傲慢，同样狡猾的亚美尼亚人却温和并逢迎地叫卖，犹太人在你耳畔谈交易，沉默不语的土耳其人则是盘腿坐在店门口的地毯上，以眼睛招徕客人，一副听天由命的样子，十种声音同时在召唤着你，先生！船长！绅士！太太！大人！每个转角侧门旁则见拱门、石柱、长廊、窄巷、错综的市集，各商店高堆或由墙及天花板悬挂下的商品，忙碌的商人，

街景

负重的脚夫，戴面纱的女人成群往来，永不停止的嘈杂声令人知悉……

今天的大巴扎，依然是这个模样，与一百多年前阿米琪斯笔下的大巴扎的日常景象并无区别。色彩斑斓、琳琅满目的陶瓷彩盘、丝绸、地毯、灯饰、饰品、收纳盒、衣服层层堆满店铺，直抵天花板，带着些许伊斯兰神秘的色彩。市集富丽堂皇如宫殿，绚丽得让人两眼发直、脑袋放空。看着那些最早来自中国的陶瓷、丝绸，来自西域的香料、水果，仿佛两千多年前的丝绸之路就在眼前。不禁想象，如若我身在那时，假如我也是丝绸之路上千千万万商贾中的一个，骑着骆驼，带着陶瓷、丝绸、茶叶，从都城长安出发，经大漠戈壁，翻越雪山草原，风餐露宿，“今夜未知宿何处，平沙莽莽绝人烟”，万里跋涉，来到这里，会是怎样的一番光景呢？

我曾幻想在这里找到流落于此却被古董商错过、来自欧洲的烛台和银器，来自中东的弯刀、地毯，来自古代中国的陶瓷、丝绸、书籍，来自埃及的香料、珠宝等贸易品，希望有不识货的商家把它们扔在一旁，落满灰尘，等我不经意间发现堆在角落的“垃圾”，然后以极低的价格把它们带走。

与我一样抱有这种幻想的人来到大巴扎之后，会发现，这真的仅仅是一个幻想。虽然伊斯坦布尔是中国宋元明清时期大量陶瓷外销的一个贸易据点，这里必然曾经存在许多流落的中国古董，但是如今已难觅踪影。因为早在上世纪七八十年代开始，内地和港澳的古董商人便循着古丝绸之路来到这里来寻宝，所以那些流失海外的古董早已被精明的中国古董商人扫荡一空。虽然不会完全绝迹，但寻找的难度更大，遇到的概率也更低了。现在的大巴扎货品，大都是卖给来这里旅游观光的人，所

精美的织物

杂货摊

以东西并不便宜，但绝对是一个令人大开眼界的地方。我在这里看到了不少中意的老物品，地毯、铜壶、银饰、陶瓷、油灯等，它们大部分都是奥斯曼帝国时候的用品，带着典型的中东伊斯兰风格。当然，价格并不可爱。不过在一家陶瓷店逛时，没有看中琳琅满目的彩色陶瓷，老板放在桌子上自己盛茶水的碗倒是引起了我的兴趣。我手脚并用问老板能不能看一下，老板点点头表示同意。那是一只画着鱼纹的碗，胎极薄，放在灯光下，能看到胎体通透无瑕，上面还画有青花纹，非常精致，有点像景德镇出产的作品。虽然不可能是古代通过丝绸之路来到伊斯坦布尔的老古董，但还是有一些年代的作品，这种碗在市面上很少见。我问老板碗是从哪里买来的，他用不太流利的英文跟我说，他父亲那个年代曾到过中国进货，从中国带回来的。我问这个多少钱，他笑着摇摇头，又抓抓脑袋。说惯了无数商品的价格，大概还是第一次有人问他自己用的碗的价格。看样子连他自己都没有想过会有人看中这个碗吧。

我自己估摸着，给他说了一个价，他想了想，摇摇头，不愿意卖。我想着，不卖就算了。便逛其他店去了，没有把这个碗放在心上。

在大巴扎还能看到著名的土耳其蓝——一种蓝色圆瓷片。传说它代表了美杜莎的眼睛，可以用来辟邪。在希腊神话中，美杜莎是海神福尔库斯的女儿，她拥有一双蓝色深邃的眼睛，只要看到她的眼睛的人都会变成石头，土耳其蓝是物如其名般美丽。

在伊斯坦布尔街头

除了大巴扎，伊斯坦布尔还有著名的"小巴扎"——全世界最大的香料市场——埃及市场。埃及人是卖香料的鼻祖，这个市场的名字大抵也是由此而来。它位于金角湾加拉塔大桥的起点，毗邻新清真寺，规模要比大巴扎小得多，但它却是最古老的香料市场。埃及市场形成的时间可以追溯到四百多年前的奥斯曼帝国时代，来自埃及的商人聚集此地，进行各种商品贸易，其中最重要的就是香料，据说有些香料比黄金还要贵。商人们用香料换取来自中国的陶瓷、欧洲的玻璃、印度的象牙等各类硬通货，辉煌一时。围绕着埃及香料形成了一个小世界，并且延续到今天。因为来这里购物的大都是本地人，是一个当地人的市场，所以价格也相对便宜。

不知怎的，越逛越想着那个碗，它的画工、胎体、做工、手感都无可挑剔。不知道会不会有人像我一样看中那个碗，然后就把它买走了。越想越担心，逛到一半又往回走，找到刚才那个档口，看到碗还在，心里就放心了。我跟老板说，我非常喜欢这个碗，我愿意再加一些钱，请他卖给我。老板也是一个实在人，大概也是看我真心喜欢，就勉为其难答应了。就这样，我在大巴扎带回了这个鱼藻纹薄胎碗。落实了一件事再去逛街，心里别提多欢乐。

鱼藻纹薄胎碗

我总认为，一次旅途，能有一场不经意间的邂逅，不管是对人还是对物，就算是不虚此行了。

除了市集，我还喜欢坐渡船到亚洲区的卡迪廓伊（Kadikoy），那里有一个历史悠久的菜市场。百年历史的街道、大学、古董市集可常见到，但超过三百多年历史的菜市场，绝对是很少听闻，这里就是一个。市场规模虽然不大，却凝聚了几百年来伊斯坦布尔人对于食物的执着，对生活的热爱。如市集一样，这里不仅有本地人，也有来自世界各地的人在这里做生意，俨然与这块土地融为一体。

市场上有许多著名的餐馆，有的鱼市里面就是餐馆，在外面买完鱼之后，就可直接在里面烹饪。在外面选好主食的鱼类，入座后来上一份梅泽斯（Mezes），就是经典的土耳其风味。受地中海影响，土耳其的食物也带着地中海的特点，当地人喜欢烤海鲜，佐以香料、柠檬汁，就是一道令人难忘的美味佳肴。

伊斯坦布尔是一个由复乱的人群组成的世界，各种职业和生活每天不停在这个城市的每个角落交织上演……街头商贩、艺人、服务员、咖啡师、商店老板、理发师、司机、公务员、厨师、抽烟的老人、二手商铺老板、油漆工、捕鱼人、流浪者、卖面包的老人、养鸽人……但也是他们，让伊斯坦布尔在杂乱中，透露出一股浓郁的市井气息。

昨日喧嚣已经平息，今日风光依旧无限。但愿每一个到过伊斯坦布尔的人，都能在这座古老而现代的城市中，找到想要的最好的时光。

琅勃拉邦：湄公河畔的古老明珠

第七章 老挝

一座倔强的古城佛都

从清孔码头乘船出发，十分钟后便到了老挝会赛。办理入关手续后，从会赛码头换乘老挝的船只，然后顺着湄公河行驶大约四五个小时后，便抵达位于老挝西北部山区的巴边县。

到达巴边县时天色已晚，只能在此住一个晚上，第二天早餐后，在码头乘船，继续前往下一个目的地——琅勃拉邦。巴边县到琅勃拉邦，乘船大约需要四个小时，但是沿途都是湄公河两岸的高山密林和村寨风光，可以排遣漫长水路的烦闷，也不失为一段美妙的旅途。

船行驶四个多小时后达到琅勃拉邦，这座位于湄公河畔群山环抱的谷地中的古老小城，受群山护佑，建城一千多年以来，远离尘嚣，与世无争。老挝人崇尚佛教，这座小城因佛教而兴，佛教信仰让古城神秘与

光西瀑布

祥和并存,古老与现代并重。在老挝,琅勃拉邦的历史地位比万象都要高,在整个老挝也找不出一个能够与之媲美的地方。在世人眼中,这座小城充满着神秘的魅力,不断吸引人前往。

琅勃拉邦,历史上也称为澜沧王国或南掌国。1353 年,澜沧国王范甘统一老挝,建立老挝历史上第一个统一政权国家,并把国都设在琅勃拉邦,一直到 1545 年才迁都万象。后来,澜沧王国分裂成三个小王国,即琅勃拉邦王国、万象王国和占巴塞王国,琅勃拉邦成为一个小王国的国都。1893 年开始,老挝沦为法国殖民地,但琅勃拉邦依然是老挝国王王宫的所在地。

在琅勃拉邦拜会老挝副总理宋沙瓦·凌沙瓦

在漫长的建城过程中,琅勃拉邦也时常成为周边泰国、越南政权征服的目标。历史上,琅勃拉邦也屡经战火,也曾被夷为平地。在琅勃拉邦,我有幸与老挝副总理宋沙瓦·凌沙瓦聊到这个话题,他认为“战争破坏了这个古城的建筑,但在原地上又被重建起来,有的建筑一建再建,彰显了这个古老小城倔强的生命力。”那些历经废墟又被不断重建的古老建筑,不断改变着这个小城的面貌,直至今日,那些不同时代交织的建筑,众多的佛寺,虔诚的民众,是琅勃拉邦的独特魅力所在。因为近代曾为法国殖民地,琅勃拉邦的建筑也深受欧洲元素影响,至今,这里依然完好保存了许多殖民时代的建筑。走在小城街上,一幢幢欧式风格的独立建筑矗立在道路两边,绿树掩映,花草繁茂,加上老挝人的悠闲安宁,让这座小城也变得安静祥和。

如果说在泰国让人感受到王权更替的频繁，时局的动荡不安，武装力量的此起彼伏，游人的喧嚣尘上，可一入老挝，就感觉换了一个天地，无论是老挝的历史、社会还是人，比起泰国，显然要稳定得多，同时也寂寞得多。到过老挝的人都能感受到那里的人悠然自得、与世无争的特质，他们安于现状，对生活没有过分的追求，也不会感到焦虑，在其他国家、其他城市的步履匆忙，快节奏的生活场景不会在这里出现，这种民风，与其地理位置和信仰佛教息息相关。

老挝国土面积24万平方千米，人口只有六七百万，还不到泰国人口的零头，地广人稀，森林富饶，水源充沛，丰富的自然资源让当地人不用花费多大功夫就能生存下来，而崇山峻岭也将老挝紧紧包裹起来，阻挡了外界的入侵。长期以来，老挝政权更迭要比其他国家少得多，使得那里的民众少有危机感。

布施，见证信仰的力量

琅勃拉邦似乎做什么，都能做到极致。

这座面积不到10平方千米的小城，是老挝最古老的城市，人口不过5万人，却拥有679座具有保存价值的古老建筑，且是经过联合国专家组考察认定的；拥有50座佛寺，包括香通寺、迈佛寺和维春寺等东南亚名寺，还被联合国教科文组织列入世界历史遗产名录；作为曾经的殖民地，琅勃拉邦又是整个东南亚传统与殖民风格保存得最完好的城市。

当老挝周边的泰国、越南、缅甸硝烟弥漫的时候，群山中的琅勃拉邦却悠闲地建造着它的都城和庙宇。走在琅勃拉邦街头巷尾，一座座宫殿，一间间寺庙，一尊尊佛像，充满历史感。琅勃拉邦处处有寺庙，几乎每走上几步路，便有一个寺庙。在众多的寺庙中，最著名的是香通寺，它是古代皇家祭祀的地方，凝聚了老挝寺庙的精华。

香通寺坐落在湄公河畔，1560年由塞塔提拉（Setthathirat）国王所建，

香通寺

原是皇家寺庙。1887 年，越南入侵损毁寺庙，后得到重修。香通寺是琅勃拉邦寺庙建筑风格的经典之作。院内，八根粗木大柱上，用黄金刻着各式精美图案，佛像和金轮覆盖的屋顶，闪着金色光芒。主庙正墙和梁柱用黑底金饰制作，紧挨的红色卧佛殿供奉着一尊老挝风格的卧佛，铸造于 1569 年，已有四百多年历史，寺院后墙镶嵌着生命树的图案，栩栩如生。

老挝人信仰小乘佛教，几百年来，香通寺及琅勃拉邦的寺庙香火不断。布施是小乘佛教延续千年的传统，琅勃拉邦以其佛都的地位，众多的庙宇和僧侣，而使得这里的布施闻名世界。

布施一般在清晨五六点钟，天刚亮时进行，当太阳从遥远的群山背后慢慢升起，将山间云海点亮，新的一天又来了。布施的信徒在固定的地方早早准备好布施的食物，等着僧人走过，将食物一一放入僧人的锡钵。僧侣们穿着橙色僧袍，背着锡钵，赤着脚，按照固定的路线，排队前行。信徒则铺着坐垫席子，跪在路边，将清晨亲手做出来的第一锅米饭赠予僧侣。布施时，信徒的头不能高于僧侣，以表示对僧侣的尊敬。那些僧侣，有上至六七十岁的老者，也有下至几岁的孩童。小乘佛教寺庙不开火，僧侣们就靠每天早晨信徒布施的食物为食，并为人们祈福。

布施图

但如今，随着游客的增加，使得这种延续千年的布施行为变了滋味。在某种程度上，游客的加入，让布施成为一种形式和作秀，在某些主要的布施场所，布施的位置和物品很多被占领，在僧人到来时上演一场“布施秀”，长枪短炮齐上阵，看得我很不是滋味。所以后来我找到一条相对偏僻的街道，远离游客的地方，远远看着信徒默默跪在那里，等待僧侣。虽然僻静小道的布施在阵势上不如主要场所，但那里的布施，比起主要场所的嘈杂，显得平静得多。僧人们匆匆走过，接过信徒奉上的食物，然后再将一些食物放进流浪儿童的篮子里，而后匆匆离去。那种感觉，能让人深切感受到延续千年的信仰的力量。老挝人的亲切和善，与其信仰佛教密切相关。信仰让当地人的心与这个国家，都变得极为安静无争。有信仰的人，从内到外都会闪耀出一种特殊的光芒，这种光芒，鲜明地呈现在琅勃拉邦人身上。

风情万种的琅勃拉邦夜市

夜市

与清迈夜市一样，夜市也是琅勃拉邦的特色。热闹的夜色让安静的琅勃拉邦换了一副面孔，就像白天安静的女子，在夜晚焕发出万种风情。

夜市是小城一天中最热闹的时刻。琅勃拉邦的夜市在西萨旺冯（Sisavangvong）大街中的一段，位于普西山和旧皇宫之间。落日时分，几百顶红色或蓝色的帐篷就撑起来了，街上摊前挂满纸灯笼，散发出的柔和光芒，将整个夜市照得通明，又不失优雅。灯笼的特别之处就在于，它是用桑叶纸制成的灯笼，颜色形状各异，灯笼上还手工绘满各种图案，古朴典雅又别具匠心。商贩们席地而坐，商品在地上依次排开，夜市就这样开始了。在夜市上走上一圈发现，摊主大多为女性，态度柔和，亲切和善，连讨价时也轻声细语，怕影响到其他人。见过好几个客人砍价太低，摊主不能成交，却还是一脸歉意的笑容，这样的购物完全没有心理压力，难怪这里会被西方国家游客视为购物的天堂，不仅物美价廉，更多的是轻松和善的心态和氛围。这么优雅地做生意，还真是很少见到，但在老挝显得再寻常不过。

琅勃拉邦的夜市

夜市所售，多是当地民众自己手工生产制作的美食、服饰、工艺品、木制品，浓厚的东南亚风格。老挝产的红木尤为抢手，不少人专程来到老挝淘红木制品。来这里逛夜市的游客众多，摊主都已司空见惯，哪怕语言不通也不影响交易，看中一个物品，摊主会拿出计算器将价格打出来，然后顾客再按照自己心里的价格进行讨价还价。

琅勃拉邦不仅有夜市，还有早市。早市位于西萨旺冯街和孔河的小巷之间，每天 6 点到 11 点半之间开放。如果说夜市吸引的更多是来自世界各地的游客，而早市则尽展琅勃拉邦小城居民的日常生活。虽然早市的规模无法与夜市相比，但却是真实的琅勃拉邦。

每天一早，天刚亮，小巷便挤满了来此摆摊的当地商贩和买家，有本地居民，也有来逛早市的游客。早市主要是以食材食物为主，青蛙、蛇、蜘蛛、蝙蝠、蜂蛹、蝗虫、沙鼠、蟋蟀、大鲇鱼、蝉、蛆、松鼠，许多都是农民在前一天晚上捕获，用来换取生活费用。当然，除了这些奇怪的动物外，还是有很多正常的食材的，比如色彩鲜艳的热带水果，新鲜的海产品，还有当地小吃。早市所售食材之广泛和奇特，让我这个久居广东的人也侧目。突然想起在伦敦逛市集的情景，若是姗姗也在这里的话，都能够想象出她欢欣雀跃的样子，说不定又会临时发挥创作出几道新菜式。除了食材，早市还有当地的工艺品和手工制作的产品，风格独特，且价格比夜市也便宜得多，是个捡漏的好地方。

班桑孔村，手工艺品诞生的地方

夜市所买手工艺品、服饰，很多都出于当地百姓之手。琅勃拉邦最著名的手工艺品诞生地在班桑孔村（Ban Xang Khong），又叫织布村或陶瓷村，位于湄公河畔市中心以东 3 公里的 13 号公路边上。班桑孔村唯一的一条土路与湄公河并行延伸，土路两边家庭作坊星罗棋布，错落有致地分布着众多的纺织作坊、竹制品作坊、造纸坊、灯饰作坊等手工艺品作坊。在班桑孔村不仅能看到工匠制作的过程，还有许多价廉物美的工艺品店和展览馆。

因为班桑孔村离市区近，可以选择租自行车前往。琅勃拉邦街上随处都有租自行车的地方，非常方便，但我们却在找寻这个美丽的小村庄路上耗费不少时间精力。导航成功地把我们导到了无路可走的地方，问了几个人后，爬上一条长长的坡，才找到这个远离大马路，隐蔽在山坡上半与世隔绝的小村庄。

村子安静，木质的简陋屋舍隐藏在成片的绿树下，行人不多，屋舍内不时传出织布机的声音。简陋的外表，掩藏不住其艺术的心。这里的人民靠制作手工艺品为生，夜市上许多手工艺品，应该是来自这里，但这里的手工艺品却要比夜市更加精致，也更加便宜。那些美丽的灯笼及纸质工艺品在这里还能看到它们的制作过程。也许因为游客多了的缘故，村民会在自己家的作坊内腾出一块装潢精美的地方，展示自己制作的艺术品，而他们一家人则可能挤在只有十多平方米的吊脚楼里。

站在普西山上，俯瞰小城，远处群山环绕，连绵起伏，湄公河静静在小城流过，这条发源于中国青海玉树的河流，流经中国、老挝、缅甸、泰国、柬埔寨和越南，跨越七个国家，最终在越南胡志明市以南汇入南海。它是亚洲最大的跨国河流，滋养了七国土地和人民，也造就了七国不同的历史人文。

在琅勃拉邦，真正吸引人的，不是秀美的风景，而是老挝人骨子里对历史、对信仰的虔诚；不是热闹的景区，繁华的市场，而是扑面而来、带着山野味道的浓厚的生活气息；不是眼前的惊艳，而是隐藏在街头巷尾日常生活中的无限韵味；不是绞尽脑汁赚钱，而是与生俱来的安详平和。走遍五大洲几十个国家，唯有在老挝才有这种感觉。

傍晚时分，与在琅勃拉邦偶遇结识的朋友相约在湄公河畔酒吧的雅座上，要上两瓶老挝啤酒，叫上几个小菜，看着湄公河在身边缓缓流淌。余晖洒在湄公河上，洒在这个安静虔诚的小城上，如佛光普照。悠然的湄公河在夕阳下显得平静，丝毫看不见曾经在它的流域上发生的硝烟战火，剑拔弩张。不禁让人想起：滚滚长江东逝水，浪花淘尽英雄。是非成败转头空，青山依旧在，几度夕阳红啊！

济州岛：美景与文艺并存

第八章 韩国

东方夏威夷

济州岛是很多中国人出国的第一站，因为离中国近，风景优美，更重要的是，到济州岛免签。根据规定，在济州岛入境只要有本国护照，持有返程机票的旅客就可以不需签证停留 15 天。15 天，已经足够走完济州岛了。

120 多万年前，火山爆发形成济州岛，并在后来的地壳运动和火山喷发中逐渐形成韩国最高的山峰汉拿山，一百多万年来似乎都不曾改变过。壮观的断崖海岸，巨大的柱状玄武岩群，高于海平面的火山口，庞大的岩石洞窟等等，依然保持着它们原来的面貌。在那里很难感受到时间的流逝和残酷。

虽然济州岛位于北纬 33 度线附近，却有着南国的气候特征，温暖湿润，雨水丰富，加上自然的优美风光，让济州岛逐渐成为“东方夏威夷”“蜜月之岛”“浪漫之岛”。

济州岛四时美景不同，无论什么时候去，都能品味不一样的济州风光，也能遇到不一样的惊喜。春天去，可以看到开放的油菜花海，汉拿山上的踯躅花；夏天去，可以畅游岛屿和海岸；秋天有满山的枫叶和紫芒；冬天有飘落的皑皑白雪。

站在城山日出峰俯瞰，可以看到济州岛岛景。远处，瑟瑟湛蓝的海洋和辽阔的天空融为一体，可惜没有落霞孤鹜。绵延的山峰，云烟缭绕，错落的房子半掩在绿色的树中。近处彩色的小城依海而建，鳞次栉比，在小城的另一边，绿色的草原和山峰向远处铺开。

济州岛虽然风景秀美，却也不是一个花瓶，也有其独特的历史、文化和风土人情。

济州岛

济州岛，韩国历史上也叫济州夷、涉罗、耽牟罗和耽罗；中国史书上将它称为岛夷、东屠、海上东夷和州胡，在古代曾有过独立的国家“耽罗国”。中国史籍最早关于耽罗国的记载是三国时候陈寿的《三国志》《魏书·东夷传》等。《唐史》中记载：居新罗武州南岛上，初附百济，后附新罗。麟德二年，遣使入朝，后为新罗所并。《图经》载：今济州，即古耽罗国也。《新唐书·流鬼传》中写道：耽罗国“居新罗武州南岛上，俗朴陋，衣大豕皮，夏居革屋，冬窟室，地生五谷，耕不知用牛，以铁齿杷土。”“耽罗。在新罗武州海上。居山岛上。周回并接於海。北去百济可五日行。其王姓儒李。名都罗。无城隍。分作五部落。其屋宇为圆墙。以草盖之。户口有八千。有弓刀楯鞘。无文记。唯事鬼神。常役属百济。龙朔元年八月。朝贡使至。”

岛上自古有原住民居住，至少可以追溯到母系社会时代，其痕迹一直延续至今。济州岛居民女主外男主内的传统就是源于母系社会时候的社会分工，女人是家庭的主要劳动力。济州岛远离大陆，靠海为生，下海捕鱼虾、采集贝类、海参、海螺等海产品的任务自古以来就属于“职业女性”的，她们也被称为“海女”。

与其他国家远古时代先民创造神话一样，济州岛的先民也创造了他们古老的文化。在这个现在也只有 50 万居民的小岛上，流传着岛上 18000 多位鬼神的神话传说，所以济州岛有“神话之岛”之称。

历史上的济州岛曾以饲养马匹闻名。岛的东部是大片可以放牧的草原，自古以来便是韩国重要的牧场，这里饲养的马匹数量占了韩国的三分之二。

行走在济州岛的各个角落，都能看到其历史、民俗文化的痕迹，特别是那众多的特色集市。

济州岛马匹

充满民俗气息的五日市集

济州岛的跳蚤市场、集市众多，几乎每一天都有集市开业，所以不需要等到特定的时间都能遇到。

五日市集是济州岛最有特色的集市，因这些集市在每个月固定的五天开市，故称为五日市集。

济州岛有许多五日集市，较为大型的有：每月逢3、8、13、18、23、28日开放的中文乡土五日集市；逢4、9、14、19、24、29日开放的西归浦乡土五日集市、翰林民俗五日集市；逢1、6、11、16、21、26日开放的城山五日集市、大静五日集市；逢5、10、15、20、25、30号开放的细花五日集市；逢2、7、12、17、22、27日开放的表善五日集市、济州民俗五日集市等等，基本每一天都会有五日集市开放。

寿山石雕摆件（山子）

最大的五日集市属济州市民俗五日

集市（제주시 민속오일시장），靠近新济州市莲洞商圈，是人流量最大的集市，据说平时每天的人流量就有 1 万余人，休息日就更多，大约有 2 万人。集市上的东西五花八门，无所不包，有蔬菜水果、海鲜、药草、外国产品、食物、服装、酒、花草、工艺品、纪念品、家具，甚至还有家畜。我们去的那天，济州民俗五日集市和表善五日集市同时开放，逛完济州民俗五日集市逛表善五日集市，一天下来，又饿又渴，找个小吃摊坐下来，来上一碗只有在济州岛吃得到的黑猪肉汤面，吃完神清气爽，又恢复了不少体力，可以继续逛下去。

五日集市虽然地理位置不同，开放日子不同，各有特点，但是商品似乎看起来都差不多。如果想淘到老物品，那么可以到大静五日集市去，那里最大的特点就是，有其他集市看不到买不到的老商品。大静五日集市位于西归浦市大静邑下摹里，紧挨着码头，从西归浦市政府出发，过了华顺三岔口之后，在德水十字路口继续直行就到了。我的一尊寿山石雕摆件就是在这里淘到的。

翰林民俗五日集市位于济州市翰林邑大林里 1689–4 号，从翰林邑洙源里下车后走 10 分钟就到，这里的规模并不大，主要还是本地的海鲜和农产品，不过在那里能够看到制作加工传统农具以及点心等济州传统民俗、小吃的过程。

中文乡土五日集市是五日集市中人气比较旺的一个，它让我想起小时候赶集或赶庙会的场景。它位于西归浦中文洞 2123–1，除了传统集市，这里还是中文里地区的中心地带，附近有众多旅游区景点，所以人流量大。开放的日子里，人流挤满街道，私家车排到两三百米外，经常需要交警过来指挥交通，维持秩序。如今的中文乡土五日集市已经成为当地商圈的重要组成部分。

济州岛还有许多专门为 65 岁以上奶奶们免费提供空间的“奶奶集市”，让老人们在这里开展商业活动，这种独特的商业和文化氛围也吸引了不少的人。

济州岛的“蒙玛特尔高地”

从西归浦市的李仲燮美术馆出发，沿着石头砌成的台阶缓缓而上，是一条充满文化气息的街道，街道两边古玩店、艺术品店、手工艺品、咖啡馆林立。路边摆满各式各样的小摊位，有书画作品、手工艺品等商品，有人将这里称为济州岛的“蒙玛特尔高地”——李仲燮文化街。

在世界自然遗产地柱状节理带景区

李仲燮文化街，顾名思义，是因一个名叫李仲燮的人而命名的一条街。李仲燮是韩国近现代艺术大师，也是韩国当代西洋画家的代表，代表画作有《家族》《牛》等作品，具有非常高的艺术价值和历史价值。1950 年，朝鲜战争爆发，李仲燮为避开战争到济州岛西归浦生活了一年时间。那段期间，他就在居住的草房内创作作品。他的很多作品都表现了韩国在日本殖民时期经历的痛苦，有着强烈的民族精神和深切的家国情怀，有对故土深切的思念，在国家困顿、百姓窘迫的时候，给韩国人带去希望。虽然是在这里避难，一家人生活在茅草屋内，但他却说，在这里度过的时光，是他一生中最幸福的时光。

为纪念一代艺术大师李仲燮，韩国在1996年将其在济州岛西归浦曾经住过的草房一带指定为李仲燮文化街，并对他曾经住过的房屋以及附属的建筑都做了修缮，并将李仲燮的绘画元素融入街道的建设中，无论是路灯、招牌、井盖还是墙壁，随处可见他的绘画作品，将李仲燮文化街变成富有活力的文化街，并建造了李仲燮美术馆，将其画作展出，如今这条街是济州岛最富活力的文化街。

到李仲燮文化街的最好时间是周末。文化街上的西归浦艺术市场，每到周末，就会有很多艺术家聚集在这里，陈列售卖自己的艺术品或手工作品，其中不乏名家名作。

火山石工艺品

除了艺术市场，草房屋顶路也热闹非凡，许多外国人会在那里表演，弹奏乐器，也有艺术家现场作画。咖啡馆也是这里的特色，逛累了，找个咖啡馆，来杯咖啡，看着街边熙熙攘攘的人群，纷繁多彩的文化活动，也是一种不错的体验。

每日偶来集市

沿着李仲燮文化街一直走，尽头是一个大集市——每日偶来集市，那是济州岛的传统集市之一。

在济州岛的语言中，“Olle”的意思是“连接大街与家门的窄道”，是当地的俗语。当地人经常会说，“上‘Olle’玩去吧？”后来，当地把济州岛海边的小路都连接起来，称为“Olle”。

每日偶来，我喜欢这个名字，既通俗口语化，又显示出一种生活态度。相比李仲燮文化街的艺术气息，每日偶来集市更多的是生活气息和市井气息。

每日偶来集市位于济州岛西归浦市中央路 62 号街 18 号，距离济州

每日偶来集市

机场大概 50 公里左右，是一个自然形成的传统市场。它的兴起可以追溯到上世纪 60 年代初，虽不算历史悠久，但 50 多年的时间里，繁华的市场为这里的经济发展奠定了基础。2001 年开始，Olle 市场开始搭建拱廊，并不断修建，从最初的 120 米，到现在有 600 多米。市场内部结构呈“王”字形，摆放着 500 多个摊位。这里基本是一个农贸市场，兼卖服装、日用品、纪念品等，但基本也很难在这里淘到什么宝贝，所以就干脆不想，把自己隐藏在市井中，来一个入乡随俗，吃饱喝足。

每日偶来集市的食物以新鲜且实惠著称，环境也相当干净。在游客蜂拥到济州岛之前，这里只是当地人的市场，现在也成了游客喜欢的地方，但比起东门市场，人还是少得多，所以基本还保留了当地的特色。

所谓靠山吃山，靠海吃海。济州岛远离大陆，在开发之前，这里是一座孤岛，下海捕鱼是当地人生活和食物的重要来源。母系社会时代，女子外出劳作，男子操持家务，下海捕海产品成了女子的职责，且世代流传至今，潜水成了济州岛上的女性代代相传的一项生存本领，这些女性被称为“海女”。海女的存在最早可以追溯到 6 世纪，至今有一千多年的历史。现在，海女依然存在济州岛上，在美丽的城山日出峰下的海湾里，时不时还能看到身穿潜水服，背着背囊在海上捕猎海货的女性。西归浦每日市场门口也树立着海女的形象。市场里的海鲜多且新鲜，品类繁多，价钱适宜，很多都明码标价，可以现场处理。我要了一份刺身，老板愉快地处理好，然后在附近找一家小餐馆，品味新鲜美味的海鲜刺身。许多韩国阿嬷直接坐在地上卖海鲜和自己种植的新鲜蔬菜、水果，我在想，这些上了年纪的阿嬷，年轻时或许就是一名美丽勇敢的海女。

来到每日偶来集市，除了海鲜，还有两种美食是要品尝的，一种是黑猪肉，一种是韩国辣年糕。黑猪肉是济州岛的特色食物，做法多样，有一种黑猪肉馅的肉饼，里面裹了洋葱和黑猪肉，外层香酥脆，吃起来香而不腻；黑猪肉烤串，加上木鱼须，配上韩国酱料，又甜又辣，比较

济州岛美食

酸爽；黑猪肉拉面，不加任何味精的原味猪骨汤，加上配菜和生辣椒，非常美味。年糕也是比较正宗的韩国年糕，路边随处可见。汉拿峰柑橘、济州巧克力也是很多人喜欢带的美食。因为是农贸市场，每日偶来市场每天都会开放，无论什么时候到济州岛，都可以到那里去逛一逛，保证扶着墙进来，扶着墙出去。

济州岛的冬天很暖，我坐在清净的茶室里，安静地喝着茶，写下这些文字。阳光照射在人潮熙攘的马路上，时光静静地流淌。坐在这里，烦躁全无，一身轻松，很适合回首前尘往事，回忆过去；也很适合梳理生活工作上的烦琐事，理清思路。这里很适合做梦，想一想当初的梦想实现了多少；从繁杂的案牍中暂时逃脱，从累人的关系网中暂时抽离，投入到这遥远的异国他乡，一路走，一路看，突然感觉到，人生处处是课堂，到处都有新意，都有等待发现的景致。生活在别处并不是一句空想的口号，它有着实实在在的基础，等待双脚去开踩。

卢克索：在枪口下寻找失落的文明和旧物

第九章 埃及

古埃及文明的见证者

我们一直为自己国家的悠久历史而感到骄傲，到埃及后却会发现，原来山外青山楼外楼啊！

有史料记载，中国最早的朝代为夏禹在4000年前建立的夏朝，而古埃及在5500年前便普遍使用埃及历法，5100年前建立埃及第一个王朝；2200多年前，秦始皇统一中国后修建万里长城，而古埃及人早已在4000多年前建造了世界奇迹胡夫金字塔，与万里长城并列世界七大奇迹之一。有史料记载的埃及历史，比中国早了1000多年，是毫无争议的世界第一文明古国。

埃及地处非洲沙漠地带，西部利比亚沙漠占了国土面积的三分之二，东部的阿拉伯沙漠则多砾漠和裸露岩丘，造成埃及全境95%的国土为沙

卢克索石柱

漠所覆盖。世界第一长河尼罗河流过全境，所形成的绿洲和水源，诞生和滋养了埃及悠久的文明。

埃及人有句俗语，没有到过卢克索，就等于没有到过埃及。这个曾经世界上最大的王都，集中了古埃及文明的精华，也是古埃及文明的见证者。它不仅诞生了人类最早的文明——早在公元前 1550 年至公元前 1069 年期间，卢克索就已经是拥有 100 多万人口的超级大城市，楼宇密集，单城门就有 100 座，被荷马史诗称为“百门之都”，可见其鼎盛的程度。

如今的卢克索，虽然已没有往日的荣光和辉煌，也不是现代意义上的大城市，而更像是一个精致的小镇，但丝毫不影响它在人类文明史上的地位。BBC 就曾拍过一个纪录片《埃及》，用镜头追寻古埃及迷城，讲述卢克索那些被历史和黄沙淹没的神庙、帝王陵以及它们被重新发现的过程，包括帝王谷最后一个被发现的王陵图坦卡蒙之墓的故事，阿布辛贝神庙的故事，破译罗塞塔石碑的故事等等，用文字和镜头，呈现人类古文明的辉煌。

卢克索石柱

卢克索，吹尽狂沙始到金

卢克索历史悠久，遗迹丰富，但大多都曾掩埋在漫漫黄沙之下。“千淘万漉虽辛苦，吹尽狂沙始到金。”用刘禹锡的这句诗来形容卢克索的淘“垃圾”之旅，再形象不过了。

到卢克索，找到酒店，办理完入住手续，安定下来已经是清晨五点多了。站在窗外遥望远方，远处的东方天际泛着白光，河岸上，灯光还亮着。黎明时的尼罗河两岸安静极了，河水静静流淌，柔和的风夹杂着河水和黄沙的气息轻轻拂过脸颊。这个文明古国还在沉睡，如同它正在经历的，等待着破晓，等待着黎明到来。

对着尼罗河发了一下呆，不觉间，初升朝阳的红光就把天边的云层染红了，朝晖将尼罗河镀上一层金光，波光粼粼，尔后太阳升起来了。柔和的光芒照射在古城的大地上，照在卢克索神庙上，几千年来，轮回不息。

因为时局动荡，住的酒店门前二十四小时都有军警驻守，在去往各个景区的路上，也有军警执勤。硝烟与动乱，笼罩着这个文明古城。古往今来，多少文明毁于战火，多少古物埋于动乱，一想到此，就心痛不已。

时局不稳造成埃及旅游业下滑，酒店房间入住率低，游客并不多，许多游轮静静停靠在岸边。不过，少了游人的喧嚣，反而更能让人静心触摸几千年文明的痕迹，在枪口下游古城，也是难得的体验。

图坦卡蒙墓室

帝王谷、女王庙（哈特谢普苏特神庙）、哈布城、门农，是每个来到卢克索的人都会去的地方。古埃及几千年岁月中沉淀的文化，在卢克索的神庙和古墓中得到最好的诠释。古埃及的历史遗迹精华在卢克索，卢克索的精华遗迹就在这几个地方。

卢克索，又名底比斯城。尼罗河从中穿过，将底比斯城一分为二，形成东底比斯城和西底比斯城。东西两岸相隔大概三四十分钟车程的距离，也分开了生者和死者的地界。生与死的崇拜，贯穿了古埃及人几千年的神祇信仰和生死崇拜的思想体系。古埃及人认为人的生命就跟东升西落的太阳一样，无限轮回，东岸日出之地是生者居住的地方，而西岸是日落之地，是死者居住的地方。所以东底比斯城是生者和神祇生活的地方，这里有熙攘的人群，恢宏的神庙，热闹的市场，而西底比斯城是死者的乐土，是古埃及时期的法老墓、祭祀庙和成群墓葬的所在地，保存了珍贵的古迹、艺术、古董，“宫殿之城”古老而厚重。

西底比斯城的帝王谷大概是这个世界上最为富丽堂皇的墓葬遗迹了，恢宏大气的祭庙更是令人赞叹。古埃及人注重墓葬习俗，认为人死后会从土里获得重生，因此他们将王陵城建造得富丽堂皇。

帝王谷，也称王陵城，埋葬着古埃及新王朝时期第 18 到 20 王朝，即大约公元前 1539 年到公元前 1075 年之间的古埃及王室贵族和法老。据说当初之所以选择这个地方作为王室贵族的王陵，是因为其山体自然金黄似金字塔。1922 年，英国考古学家霍华德・卡特首次发现图坦卡蒙法老的木乃伊，至今仍放在原墓室中，这个 9 岁登基的古埃及年轻的法老，去世时只有 19 岁，其墓葬在一个隐蔽的地方，因此在三千多年的历史中不曾被盗过，直到卡特发现其墓室，这个沉睡黄沙之下三千多年的墓室重见天日。但图坦卡蒙墓室的发掘也伴随着诡异的诅咒之说，据说当年发掘墓室的时候，考古人员发现墙上刻着“谁扰乱了这位法老的安宁，展翅的死神将降临他头上”的诅咒，在那之后三年多的时间内，有二十

在金字塔景区

多位参与古墓发掘的人员相继死去，似乎应验那个古老的诅咒，这一传言为图坦卡蒙墓室笼罩上神秘诡异的色彩。

此外，还有大将军霍雷穆希布陵墓、有“古埃及拿破仑”之称的图特摩斯三世的陵墓、古埃及王国时期唯一的女法老哈特谢普苏特的女王神殿等等，每一座陵墓背后都是一段厚重的古埃及历史。

女王庙，也称哈特谢普苏特女王神殿，是古埃及历史上唯一一位女法老哈特谢普苏特的陵墓。陵墓依山而建，恢宏壮观，建造技术高超，陵墓的设计与山势紧紧融合在一起。哈特谢普苏特女王在浩瀚的古埃及历史上占有重要席位，其经历类似于中国的武则天，美貌、智慧与贪婪、狠毒并存，但其结局并没有武则天的善终。她曾废黜自己的儿子图特摩斯三世，因此遭到图特摩斯三世的痛恨。女王死后，图特摩斯三世对女王进行清算，凡是女王建造的建筑和她的雕像一律摧毁，凡是有女王名字的地方统统抹去。因此，我们现在所看到的女王神殿是经过重建的新庙，其规格与壮丽都已不能与原建筑同日而语。

哈布城，全称为迈迪耐特·哈布，是拉美西斯三世神殿。这里曾经是一座具有一定规模的城市，女法老哈特谢普苏特和图特摩斯三世也在这里修建过神殿，但都被拉美西斯三世的光芒掩盖了，所以现在人们通常意义上说的哈布城，指的就是拉美西斯三世神殿。拉美西斯三世是古埃及最后一个伟大的法老，他在位的 31 年时间里，古埃及实现了最后的辉煌与和平。在他统治后期，古埃及开始走向衰落，其神殿的建造也成为古埃及法老统治时期最后一项大工程，也是古埃及法老王朝最后的辉煌。

离帝王谷不远的地方就是著名的门农巨像，也称孟农巨像，是矗立在尼罗河西岸的河道和帝王谷原野上的两座岩石雕刻而成的岩石巨像，建造于迄今 3400 多年前的新王国时代的阿蒙荷太普三世。巨像身边，原是阿蒙荷太普三世神殿，但后来被其他法老拆了建造自己的神殿。据说

门农巨像

以前风吹过时，两座巨像会发出声音，像是在唱歌，但巨像在一次地震中出现裂缝，修补后再不能发出声音。

沿着门农巨像往里走，便是卡纳克神庙群，它是世界上仅存的最伟大的古代神庙群。神庙群由供奉太阳神阿蒙的阿蒙神庙，供奉阿蒙妻子、战争女神穆特的神庙，以及孟修神庙组成。卢克索神庙就是卡纳克神庙群的附属神庙，两者相距大约 3 千米左右，由狮身人面像组成的斯芬克斯神道相连。卢克索神庙是埃及历史最好的见证者，它不仅见证了古埃及王朝的辉煌和衰落，也见证了希腊、罗马、穆斯林对这个古老的国家的统治，至今在卢克索神庙的墙壁上还能看到各个时期留下来的不同风格的壁画。

最具本土特色的露天市场

卢克索是一个不会让人失望的城市，无论是旅行还是购物。其他城市没有淘到好东西的遗憾，在这里也得到了满足。整个埃及之行，就属在卢克索淘的宝贝最合心意，也最愉快，就价格而言，卢克索的商品也比开罗要便宜。

卢克索的商店布满大街小巷，有当地人开的，也有欧洲人开的。通常，欧洲人开的店卖的物品要更精美，但相对来说当地人会更和善。无论是当地人或者欧洲人，都别忘了还价，因为你会发现，这里商品的价格明显高于通常价格，有时店主第一次开的价会高出实际价格好几倍，要知道，在这个 95% 面积为沙漠的国家，又缺乏工业，幸得有世界第一文明古国留下来的财富。旅游业是这个国家的重要经济支柱，旅游购物对于当地人的重要程度可想而知。

卢克索的宝贝，如同其文明一样，悠久繁多，覆满黄沙，唯有耐心，将狂沙吹尽，才能发现心仪之物。

卢克索城小店

在卢克索有许多值得去的购物之地，但人们最喜欢去的是旧露天市场。旧露天市场位于卢克索神庙对面，是最具本土特色的市场。比起热闹喧嚣的大巴扎，这里显得安静很多，也许是因为时局动荡来这里旅游的人少了，来此处购物的人自然也不多。按照市场规律来说，淡季更容易买到物美价廉的东西。

市场是一条狭长的街道，店铺排列在街道两边，一家挨着一家，店里、街道上都摆满了商品，店主多为穆斯林。市场所售物品多为卢克索传统特色产品，铜盘、皮革、珠宝、首饰、手工地毯、服饰、大理石花瓶碗碟、香料及五金、食物等，做工都比较精致。从这些特色商品中，能够瞥见埃及的历史和悠久的民间工艺。市场弥漫着浓厚的香料气息，穆斯林男子和穿着黑袍裹着头巾的妇女在吆喝叫卖，这是一个穆斯林的世界。

旅游淡季在卢克索买东西要比旺季时候实在得多，但是也要砍价。看到一个埃及铜盘不错，老板开价 600 埃镑，折合人民币 500 元左右，

埃及当地旧货市场

虽然不会太离谱，但也要高于实际价格。因为没有决定要买，就没有跟店主还价。

既然有旧露天市场，相对地，就有新露天市场。新露天市场位于火车站旁，虽然旧市场的环境、设施各方面都不如新市场，但人们依旧热爱旧市场，那里的人流量也比新市场多得多，毕竟，能够来到这里购物的，大部分还是有怀旧之心，同时也希望能够买到更加纯正的本地物品。但无论在哪个地方购物，都要睁大眼睛，否则，也许你会发现，千辛万苦不远万里带回来的宝贝，原来是义乌产品——中国义乌的小商品无处不在。

在靠近西岸哈布城的地方，我还发现了一家非常不错的私人手工艺品店。那里原本是一处住所，是老板哈姆迪自己的家，他将自己的家改造成手工艺品店，装潢古朴典雅，并从附近穷苦妇女处收购她们的手工艺品，拿到这里卖，他还会根据市场需求，指导她们如何制作精美的手工艺品，以卖得更好的价钱。所以这里的物品，包括手袋、饰品、陶瓷等手工礼物，都是独一无二的艺术品，只此一家，别无分店。老板人非常和善，虽然是商人，但称得上是一个有良心、有品德的商人，冲着老板这种对穷人的情义，也得支持一下，更重要的是，这里卖的产品的质量比街上的商品店更好。买了几件小商品，老板还送了小礼品，皆大欢喜。

埃及古老的工艺品

无论在卢克索哪个地方购物，一定会看到纸莎草纸、圣甲虫雕像、铜盘等埃及传统工艺品。

埃及至今保留着几千年前的古法造纸方法，纸莎草纸也是世界上最古老的纸画。聪明的埃及人采用生长于埃及的水生植物纸莎草，将采割下来的纸莎草去叶，截成所需长度，并将外层绿色的硬皮剥去，露出白色的内茎。将内茎劈成薄片后放入清水中，等待水中的薄片渐渐变成浅黄色，放在手中可以任意弯曲的程度，便将薄片捞出。而后将变色的薄片放到木板上，用木槌进行敲打挤压去除水分，并将平平整整的薄片横竖交叉、纵横交错拼放在棉布或硬纸板上，用压板机或石块等重物将薄片中的糖质黏液压出，使其黏结起来，取出晒干后，便成为纸莎草纸。用这种方法做出来的纸莎草纸结实耐用，不怕水，也容易修补。传统画师用纸莎草纸进行精心绘制，便成了精美的纸莎草纸画。

纸莎草纸画

铜盘最初是埃及人普通的生活用品，人们将古埃及国王、贵族、历史名人等形象和日常生活雕刻在铜盘上，并且造型独特，做工精美，逐渐形成埃及著名的雕花铜盘。在埃及当地人家常常会看到家里装饰着各种精美的雕花铜盘。如今，雕花铜盘的收藏价值已超过其使用价值，许多人到埃及都必带雕花铜盘。

埃及铜盘

埃及也是香料的国度，市场上五彩斑斓的香料店中，红色的辣椒、紫色的薰衣草、绿色的迷迭香、粉色的玫瑰、褐色的桂棒等等，叫得出的或叫不出的，应有尽有。这是古埃及浪漫的一面，也充满悲情色彩。

在本书描写伊斯坦布尔大巴扎一文中，提到过那里著名的埃及香料市场，其起源就是埃及人在那里卖香料。古埃及使用香水历史悠久，早在公元前2000年前，当时西亚的亚述人就已经掌握了用草药制造香脂的原始技术。古埃及女子用香精油护肤，护理头发，用作香精疗法，治理身心失调，用于宗教仪式，战备需要等，香水渗透在埃及人生活的方方面面，且深刻地影响了古埃及的政治、社会和历史走向。当年的埃及艳后克娄巴特拉是埃及香水的代言人，她不仅用香水俘获了安东尼，也用柔弱之躯为当时弱小的埃及争取了二十多年的和平，被古埃及人视为勇士。直至屋大维的军队攻入埃及，克娄巴特拉自杀，古埃及被罗马吞并，古埃及文明从此走向终结。

圣保罗：珠宝的故乡

第十章 巴西

在圣保罗进修的那段时间，一有时间我就跑到跳蚤市场、二手集市去逛，是为买东西，也是为从另一个角度了解这个国家的人文、历史、社会。

当地人有一句话，如果在圣保罗都买不到心爱的东西，那么也不用到巴西其他地方找了，言下之意，圣保罗没有的东西，巴西其他地方更不会有，可见圣保罗乃巴西商品经济最发达的城市。所以，逛过圣保罗的集市，再去巴西其他地方，就很难找到更多惊喜了，就像喝惯了好茶的人，喝到次一点的茶叶，便很难入口，这都是让圣保罗丰富的商品给宠坏的。

作为巴西最大的城市，圣保罗商业发达，商品繁多，上至国际顶级品牌，下至民间旧货、手工艺品，无所不有，包罗万象。圣保罗购物区分为东南西北中购物区，每个地区都有自己的特色。市中心名店林立，汇聚了许多世界顶级品牌商店；南区是圣保罗购物中心的聚集地，高档商铺和购物中心众多；西区主要为高档购物区，圣保罗最昂贵的两个购物区"Iguatemi"和"Potio Higienopolis"就在这里；东区拥有拉美最大的购物中心之一的"Shopping Aricanduva"；而北区不仅历史悠久，也是古董、工艺品、老旧物品等的聚集地。

在圣保罗逛跳蚤市集，常常会有意外收获。

共和国广场周末集市

共和国广场（Republic 广场或 Republic 公园），是圣保罗的一个中心地带。周日是这里最热闹的时候，平日轻松休闲的绿地一到周日就摇身一变成为工艺品集市。从地铁共和国广场站出口出来走上一小段路，一个热闹的露天集市就出现在眼前。

上百个摊位在广场的绿地上有序摆开，摊位前人潮涌动，热闹非凡。走近摊位扫视了一下，商品种类很多，有工艺品、宝石、皮革制品、雕塑作品、画作、邮票、T恤等等，集中了巴西特色和民族文化产品，价格也比较划算。虽然巴西人讲葡萄牙语，本以为沟通会比较麻烦，但走一圈后发现，担心根本是多余的。不少中国人在这里购物，很多摊位上专门有中文介绍，可见这里中国人之多。听说近年来很多中国商团到巴西各处收购宝石，令遥远的拉美国家也专门开辟了中文绿色通道。

巴西不愧是宝石之乡，集市上有很多专门卖各色珠宝的摊位。一袋袋小碎水晶做成的冰箱贴，有虫子的琥珀，随便丢在盒子里的碧玺手链，成堆的水晶球，直接将海蓝宝洒在摊位角落的老人家，用塑料袋子装的海蓝宝原石，巴西产的帝王玉原石，满摊的祖母绿，用小碎水晶镶嵌装饰的蝴蝶盘，巴西紫晶洞等等。因为是原产地，这些珠宝的价格比国内便宜得多，但毕竟是宝石，价格依然不菲，比如一串发晶手链，晶莹剔透，在太阳下金光闪闪，售价折合人民币一万多，而据我所知，这种质量和重量的手链在国内已经卖到几万块钱。

紫晶洞在中国有个很吉祥的名字，叫紫气东来。中国人最擅长将物品取一个象征吉祥如意的名字，紫气东来，年年有余，福禄寿喜等等，以前吉祥的名字代表着人们对生活的向往，如今，给人感觉更多的是噱头和浮华。

蝴蝶盘在圣保罗许多工艺品店和集市摊位都可见到，是巴西本土特有的工艺品，采用巴西亚马孙流域的蓝色蝴蝶翅膀标本制作而成。亚马孙河从巴西境内流过，滋养出世界上最大的热带雨林，素有“地球之肺”之称。特殊的地理环境和气候，热带雨林丛林中生活着许多珍奇物种。据统计，全世界约有14000多种蝴蝶，分布在亚马孙流域的品种最多，其中大部分是还没有命名的蝴蝶。它们色彩艳丽，常被用来制作成各种标本，其中最主要的是蓝蝴蝶，也称“水蓝闪”，全身蓝色，最大可达20多厘米，最小的仅1厘米多。手艺人将蓝蝴蝶标本制作成不同形式的蝴蝶盘，这些蝴蝶翅膀不仅色彩鲜亮，体态婀娜，或深蓝，或湛蓝，或浅蓝，翅膀边缘的白点像是镶嵌上去的白珍珠，十分出彩迷人，蝴蝶盘周边则用巴西出产的碎小矿石镶嵌。蓝蝴蝶只生活在巴西，数量稀少，也显出蝴蝶盘的珍贵和价值，它可以作为装饰品，也可以收藏。巴西政府对于蝴蝶盘的管制没有那么严格，但紧挨着的阿根廷则严格管控，他们从环保角度立法，不允许把动物标本或动物制作的物品带入阿根廷，所以如果有打算从巴西进入阿根廷的朋友最好就别带了，否则到海关也会被扣下。

原本打算瞎逛逛，遇到合适的或有眼缘的就淘回来，谁知竟在集市上认识了一位中国留学生，还是江西老乡，也喜欢在跳蚤集市上淘东西，自然备感亲切。

在共和国广场

小姑娘姓周，就读于圣保罗大学，周末也喜欢到圣保罗各个集市上淘一些巴西特色的工艺品、旧货，回国时就带一些回去送给国内的朋友，物美价廉又显得情谊深厚。许多人喜欢她带的小东西，有些人还专门托她买。后来她尝试将淘到的一些小物品放到网上卖，结果卖得还不错，能赚一点小钱。她说就是好玩，自己喜欢的东西，正好有人也喜欢，那就分享一下，也不指望能通过它赚钱，但这也成为她逛集市的动力。

后来我跟着她一路逛，观察了她淘货的方法，发现这小姑娘年纪虽小，集市逛久了也逛出自己的心得来了，她的这些方法有些跟我在淘货过程中积累的经验很相似。很多时候她还会用一些小心理战术和小技巧，比如走过一些摊子时，不管认不认识，她都会很愉快地跟摊主打招呼或边看边寒暄几句，问问摊主的近况和心情，也问生意情况，由此拉近与摊主的距离。遇到熟悉的，或者经常去买东西的摊位，她会顺手带杯咖啡给摊主，问一问生意如何，最近有没有收到什么好东西，有意无意说上几句话，双方都很欢喜。熟悉之后，很多摊主都很热心将一些好的东西推荐给她，价格也实在。在小姑娘的协助沟

红砂岩壶形石

在圣保罗独立公园

通下，我用不到200雷亚尔（折合人民币400元左右）钱就买到了好几样喜欢的小东西，心里暗暗佩服这个小姑娘的经验丰富和游刃有余。

其中最爱的是一把壶，啊，不对，是一块神似壶的天然红砂岩壶形石。天然圆润光滑的"壶"身，呈均匀的紫灰色，圆形的壶盖是另外一个颜色，壶盖上有圆圆的壶纽，位于盖子正中间位置，颜色与壶身一致，还有可爱的壶嘴，这是一块天然的壶形石，浑圆可爱，俨然一个坐着的小胖墩。一眼就被这个可爱的小家伙给吸引了。

逛了两三个小时，已经很累了，在旁边找了家咖啡店坐下，请小姑娘喝杯咖啡，以感谢她一路带着我逛市集，淘到心仪的东西，更重要的是在异国他乡遇知音的快乐。

闲聊中，让我感觉到她对跳蚤市场有着自己独特的理解。她说，能在跳蚤集市上卖东西的人大多都比较注重人情的交往，而不只是单纯地卖东西讲利益，她见过很多很穷的摊主，他们住在城市周边，每次都要坐一两个小时的车，兜兜转转才能来到这里，一天也卖不了多少钱，但是他们非常开心，也乐此不疲，因为这个过程对于他们来说是快乐的。不仅集市上的老旧物品是有温度的，买卖的人也一样有温度。正是因为理解了这一点，所以她通常会把温情放在买东西之前，既尊重了摊主，也增进了感情，他们同样会回报她以感情，下次有好东西他们就会主动推荐给她，或者需要什么东西跟他们说一声，他们有的时候就会留给她，也会给一个比较实在的价格。很多人除了卖

圣保罗留影

东西，还希望能从中找到生活的乐趣。而她呢，也可以通过这种方式认识很多人，这些人都是跳蚤市场、二手集市的资深人士，反过来能够帮助她找到更好的物品，也能成为她的供应链，她从中能够体验到更加丰富多彩的人生经验。

好一个有智慧的小姑娘，年纪虽轻，思想却老到，对于社会和世情观察透彻，有很强的感悟力，并把这种理解用行动表达，不得不让人对她刮目相看。后来她回国路过广州的时候，我们还在一起喝过茶。

共和国广场是机场大巴一号线的终点站，也是前往机场的始发站。如果旅途中没有专门的时间来逛，也可以在前往机场之前提前到这里逛一逛，逛完马上就可以坐机场大巴前往机场。

后来有一次路过共和广场，因为不是周日，广场上人并不多，没有热闹的集市，显得悠闲而随意。空旷的地面上，一名衣衫褴褛的乞丐，独自一人，非常欢快地跳着桑巴舞步，没有舞伴，没有观众，也没有伴奏，但对于那人来说，仿佛就站在剧院的舞台上，那么沉醉其中，动感、充满韵律。这一幕深深感动了我。谁说他没有舞台呢，真正的舞台在他心中。只要热爱，只要快乐，何处不是舞台。

保利斯塔大街跳蚤市场

圣保罗是巴西也是南美最繁华的城市，而保利斯塔（Paulista）大街是圣保罗最繁华的地方。它是巴西最核心的金融街，南美的金融中心，素有“巴西华尔街”之称。很多去过保利斯塔大街的人都会把它与北京上海做对比，得出的结论是比不上北京上海的金融街。但与其他国际性金融中心一样，保利斯塔大街 2.8 公里长的街上大银行林立，摩天大楼鳞次栉比，单是规模宏伟的大楼就有近百座，许多国际大金融集团都聚集这里，几乎所有的国际银行都可以在这里找到，是当之无愧的“巴西

保利斯塔街

华尔街”。站在保利斯塔街上，能够感受到南美金融的繁华。

保利斯塔大街建于 1891 年，有 100 多年的历史。

1891 年的圣保罗只不过是一个人口只有 10 万的发展中的小城，旅居巴西的乌拉圭工程师，也是著名地产商艾吾杰纽·利玛，看到了这座城市的发展前景，和朋友买下了这一带的大片土地，并建成了这条长 2.8 公里的大街。他曾预言，这条大街将是“一条引导圣保罗走向未来的光明之路”。事实证明，艾吾杰纽·利玛眼光独到，从 20 世纪开始，大量外资的进入加速了保利斯塔的崛起，100 年的时间里，这条最初由私人修建的街道不断蜕变为财富聚集的金融重地和经济中心，成为“巴西的经济神经中枢”。

保利斯塔街上有一座开拓者的塑像，就是利玛所说的“一条引导圣保罗走向未来的光明之路”。1991 年，圣保罗政府为保利斯塔通行 100 周年举行盛大的庆典。百年时间，利玛的预言得到应验。

除了高楼大厦、金融集团、国际银行，保利斯塔大街还隐藏着古老雅致的天主教堂、著名的圣保罗国家美术馆、展览馆等文化气息浓厚的文化场所，为现代繁华的保利斯塔大街增添了文化气息，缓和了因高楼密集，银行遍地带来的焦灼感。

圣保罗国家美术馆（简称 MASP），是巴西最重要的博物馆之一，也是保利斯塔大街的地标建筑，它是巴西现代建筑的代表性作品，也是野兽派的作品。从保利斯塔大街的国家美术馆地铁站出来便是圣保罗国家美术馆，馆内有 8000 件藏品，是南美洲各国文化艺术的展览馆，最著名的是玛斯科米王阿西斯夏特布里亚安的藏品。馆内还保存着凡·高、伦勃朗、毕加索、拉斐尔、图卢兹、莫吉里亚尼等杰出画家的真迹，以及来自中国唐代的石像佛雕，不知如何流落海外，最终辗转来到这里。美术馆逢周一闭馆，其他时间开放，不过除了周二免费，其他时间都要收门票。但这条街上最有特色，也最耐人寻味的，还是那些散落在繁华街边的跳蚤市场，就在周日的圣保罗国家美术馆楼下。

每到周日，圣保罗国家美术馆楼下的空地上人头攒动，街边摆满小摊子，商品多为当地民众纯手工打造的工艺品。仔细观察了一下这些摊

圣保罗国家美术馆

主，无论男女，穿着装饰都很有特点，一看就是巴西土著居民。男的普遍留着长胡须，戴墨镜；女的打扮时尚，颇有巴西土著印第安特色。产品也是一样，浓厚的印第安风格，项链、手链、宝石、耳环，每一件都不尽相同，造型别致，还留有手工打造的痕迹，绝不是批量生产的量产货。购买的人群中，有不少是在这周边高档写字楼里上班的白领阶层，也有不少外国人。

这些摊主有些已经在这里摆摊好几年，他们的家在圣保罗的郊区，每次来回需要花一个多小时的时间。他们生活在圣保罗的底层，每个月的收入还达不到巴西民众的最低生活水平，但这并不能阻挡他们对生活的乐观和热爱。在他们脸上，看不到愁眉苦脸，而是达观知命，视顾客为贵人。

虽然乍一看去，这些土著居民的摊子与周边的高级写字楼并不搭调，这些生活在底层的民众，与高楼里那些动辄直升机上下班的金融人士格格不入，但他们都在这条百年商业大街上和谐共生，也为这里增添了柔软的人文和艺术气息。因为他们，这条现代的金融街上少了紧张与压抑，反而多了从容与休闲。

我为这些能在这里摆摊谋生的摊主感到庆幸，因为不用担心有人会去驱赶他们，从他们的眼神中看不到焦虑和恐惧。我也为允许这些底层人民在这里谋生而没有驱赶取缔，甚至不收任何税费为他们提供一片谋生的空间，让这些来自底层的人自食其力，获得应有的尊严的政府点赞。一个国家，如何对待这些生活在底层的人民，创造条件为他们提供生存的空间，体现了这个国家的文明程度。在圣保罗，这样的情形随处可见，它们从另一面体现了这个城市的包容与和谐。

唐人街与东方街

圣保罗大教堂是圣保罗的"原点"，从世界任何地方到圣保罗的距离，

圣保罗大圣堂

都是以圣保罗大教堂为起点计算的。这座始建于1913年，直到1954年才完工的大教堂，是圣保罗建市400年的献礼，以哥特式和文艺复兴时期的风格为主。圣保罗大教堂前身是殖民时期的教堂，从16世纪开始，大教堂面前的广场便是每一次宗教活动的起点，不足之处是广场的治安历来为人所诟病。

沿着大教堂往下走大约15分钟，便到了三月二十五日大街（Vinte Cinco de Março），也简称二十五街，是为了纪念1824年3月25日，巴西第一位皇帝佩德罗颁布巴西第一部宪法而命名的街道。但如今这里已然是“中国唐人街”。

与世界其他地方的唐人街有明显的标志不同，从二十五日大街表面上很难看出这是一条唐人街——它没有唐人街的标志牌楼。“三月二十五日街”路牌是用巴葡文写的，走在街上，放眼望去，熙熙攘攘的人群，大部分都是南美人或讲着一口葡萄牙语的巴西人。但当走到密密麻麻的商铺时就会发现，这里无处不是中国人，各个地方的都有，讲着粤语、闽南话、温州话、客家话……他们大多在这里做着小商品批发或小店生意，一格格三五平方米的店里，杂乱地摆着电子产品、日用品、衣物、箱包、手表，看起来像是义乌小商品，与国内的批发市场无异。幸好有同行的华人带着，才能找到这里，否则自己拿着地图还不一定能找得到。

在三月二十五日大街附近有一条东方街，是日本人聚集的地方。据统计，巴西大约有 150 万的日本移民，是日本本土之外最大的日裔聚居地。他们都是 20 世纪初，在日本皇家移民公司的组织下来到巴西的。从 1908 年第一批日本移民到达巴西桑托斯港算起，到 1935 年止，大概有 10 万日本人来到巴西，经过 100 年的繁衍，巴西的日裔已经发展到 150 多万，在巴西的各行各业都占有一席之地。

第十一章 南非

开普敦：到天涯海角寻旧去

南非种族自由之路

南非的近代史，是一部种族抗争的历史，是种族争取自由之路的历史。

1652 年，荷兰人在好望角开辟了南非最早的殖民地开普敦，此后，欧洲白人，特别是布尔人源源不断地涌进南非。这些从欧洲来的白人奉行“白人至上论”，开始了种族隔离。后来荷兰衰落，英国崛起，开普敦成为英国的殖民地。他们将当地居民分为“欧洲人”和“奴隶”两种，并颁布一系列种族隔离法令，从制度上确立了种族隔离政策。1948 年，马兰政府奉行“维护白种人的纯洁性”宗旨，并颁布了《人口登记法》《集团住区法》《公共场所隔离保留法》《土地法》，构成种族隔离制度的四大支柱，从而将种族隔离制度化。1959 年，殖民政府出台了“黑人家园计划”，将占南非人口 73% 的黑人驱赶到仅有 12.7% 的土地上居住。从 20 世纪初到 20 世纪末，在民族领袖纳尔逊·曼德拉的带领下，南非人民为争取自由进行了长达一个世纪的斗争，最终南非于 1990 年解除隔离，民族和解，实现新旧南非的和平过渡。

若到南非，一定要了解这段历史，才能更好地理解南非的今天。若你要了解南非的历史，可以到第六区博物馆去，在那里可以看到南非种族隔离历史和反隔离的历史。

第六区是南非种族隔离政策最好的见证者和亲历者。早在 1867 年，处于市郊的第六自治区还是一个充满生机的地区，那里聚集了奴隶、商人、劳工、移民和艺术家等各个阶层的人民，成为不同文化和谐共生的熔炉。1901 年开始，政府开始驱逐这里的黑人。1966 年颁布种族区域法案后，第六区变成“拜仁区”，当局开始驱逐生活在这里的有色人种，到 1982 年，第六区几乎变成了无人区，建筑被毁，而原来这里生活了 6 万多居民。种族隔离制度解除后，第六区建立了博物馆，致力于保存种族隔离制度之前第六区的独特文化，铭记这段隔离与反隔离的历史。

如今，这个位于非洲大陆最南端的国家，在历经种族隔离和隔离制度解除后，成为多民族并存的“彩虹之国”，南非国旗上的红、绿、蓝、白、黑、黄六色彩虹，象征各民族在这里和谐共生、共同发展。

好望角：从这里通往亚洲

中国广州到南非开普敦相距遥远。无论怎样走，去一趟都不容易。

开普敦，这个位于好望角上的城市，是西欧殖民者最早在南部非洲建立的据点，长期是荷兰、英国殖民者向非洲内陆扩张的基地。

开普敦是一座“海角之城”，它是名副其实的天涯海角。前拥浩瀚

在桌山鸟瞰开普敦

的大西洋，背靠云霞缭绕、形似餐桌的桌山（因为此它顶部平坦，形似餐桌，而被称为“上帝的餐桌”）。五百多年前，葡萄牙航海家迪亚士首次发现桌山，此后，它就像一座灯塔，引导轮船海员航行，它的名词也由此而来。因桌山得名的还有桌湾，位于桌山对面的天然海港，因为拥有充足的淡水，而成为来往船只停靠的岸点。

走在开普敦的每一个角落，都能看到桌山的身影。不远处就是举世闻名的好望角，这是一个听名字都会让人充满向往的地方。

好望角，英文名为 Cape of Good Hope，意为“美好希望的海角”，寄托了那些航海者美好的希望。据说当年著名航海家迪亚士奉葡萄牙国王的指令，带着探险队从里斯本出发，沿着非洲西海岸南下探险，寻找新大陆。然而，就在船队航行到大西洋和印度洋海流交汇水域时，海面突然刮起大风，狂风巨浪将船队刮到一个岸边的一个岬角上，迪亚士便把这个岬角称为“风暴角”。距离迪亚士在这里遭遇风暴三十多年后，一个更著名的葡萄牙人——麦哲伦成为著名航海家。他率领船队穿过大西洋，沿着南美洲东岸，绕经美洲大陆的最南端进入太平洋，到达菲律宾群岛，再经由印度洋绕过“风暴角”返航。当他们从世界各地满载黄金丝绸凯旋而归时，当时的葡萄牙国王认为他们已经找到了通往东方之门，遂将“风暴角”改名为“好望角”。西濒大西洋，东临福尔斯湾，特殊的地理位置，让好望角航线在苏伊士运河开通之前，成为欧洲通往亚洲的“海上生命线”。

好望角距离开普敦市区只有 48 公里的路程，开车非常方便。但中国国际驾照在这里不被认可，所以须找到当地人或与当地旅行社联系找到陪伴的人。如果没有车，也可以乘轻铁到西蒙镇，然后再到好望角。

西蒙镇是一座位于非洲东海岸边的美丽小镇，也是到好望角的必经之地。为了有充足的时间游览这个美丽的小镇，我们提前一天到西蒙镇住下，然后再到好望角。西蒙小镇的夜里，仿佛还能听到不远处大西洋

好望角

与印度洋的海浪在怒吼。

第二天，我们直接从西蒙镇出发到好望角，一路上能看到许多人从西蒙镇骑自行车到好望角。在大西洋畔骑行，想想都会是一次难忘的经历。

好望角的岩石岬角，像一把利剑刺向大西洋。站在好望角的顶部，脚下万丈悬崖，巨浪翻滚，涛声震天响。远处，大西洋与印度洋的海流在这里交汇、碰撞，引起的滔天巨浪终年不息，交汇线直指南极。遥想当年，这里千帆竞渡，浩浩荡荡，代表着开拓、发现与侵略的船只、探险家、海员，在风浪裹挟中，在这里找到欧洲进入印度洋、驰向亚洲的海岸指路标，又从这里通向世界各地，将世界历史向前大大推进。

回程再经西蒙镇，惊喜地发现，这个美丽富裕的小镇的路边，居然摆满了旧货摊，这绝对是不期而遇的惊喜。摊上摆满玉石、手镯、皮具、木雕、非洲鼓、非洲风情的服装、披肩、地毯，上面印满抽象的动物、器皿，色彩艳丽。据说当地著名的宝石加工公司也有把工厂和商店开设在小镇上，那些漂亮又便宜的打磨宝石非常受欢迎。

失之东隅，收之桑榆

素有“彩虹之国”之称的南非，必然有无数的“彩虹”之作。来到南非，又怎能不去一探究竟。

开普敦有许多知名的旧货市场，虽说那里的治安时常令人担忧，但是丰富多彩的非洲历史、文化和民间艺术，却能让人抛开治安问题奔赴其中。如果来了开普敦却因担心治安问题而不到当地的旧货市场，对于我，再美的风景也会留下无法弥补的遗憾。

桌山之下

先到绿市广场（Green Market Square）吧。穿过马来区，便到了建有教会的大街，沿着大街往下走到乔治商业街（St.Georges Street）的步行道，再沿着这条热闹的街往前走，就到了绿市广场。这个位于鹅卵石广场的集市，是开普敦最大、物品最丰富的旧货市场之一。绿市广场还是一个颇有历史的旧货市场，它的地标性建筑——1704 年由荷兰人所建的古鲁特教堂，是南非最古老的教堂之一，大概在同一时代，绿市广场就开始逐渐形成。最初只是花匠们聚集在这里出售他们种植的各种花卉，进而慢慢形成一个固定的商品买卖场所，所经营的产品也越来越丰富。

绿市广场

经过三百年的发展，绿市广场已经成为开普敦最大的旧货市场。如今，这里出售的花卉已经不多，却聚集了众多手工艺品、流行服饰、非洲蜡染花布、木雕艺品、蜜蜡宝石、饰品、非洲吉他等充满非洲特色的摊档，大多是老一辈人经营的物品，一直延续下来。这里的摊主不仅有南非人，还有来自刚果、赞比亚和津巴布韦等周边国家的，当然，他们经营的产品，除了南非本土以外，还有津巴布韦、肯尼亚等其他非洲国家的特色工艺品，不仅物品丰富，而且价格还非常便宜，常见的水晶洞，在这里价格不到国内的一半。

据说每年的1月2日，这里还会举行一年一度的开普敦吟游诗人嘉年华，参加嘉年华的人都会穿上富有特色的服装，手持着色彩缤纷的雨伞，演奏音乐进行游行，但遇上的概率太低了。

南非金矿原石

就在市场上转悠的时候，一个旧货摊上，几个天然石头雕刻的动物雕像让我眼前一亮。那些石雕，像是鸟儿，又像是图腾，形态不一，每个都是根据石头的天然形态进行构思雕刻，最大限度保留了石头的本来面貌，寥寥几刀就将动物的神态刻画得栩栩如生，线条流畅，刀工犀利，拿在手中，厚重沉稳，浑然天成。只看一眼便心动了。摊位主人是一个非洲大叔，看不出是本地人还是周边国家过来的。当我把雕像拿在手中摆弄时，他只是在一旁安静地看着，时不时说几个字，可惜我没能听懂。我问他多少钱，虽然听不懂，但他很快会意，用阿拉伯数字写下价格。他开的价很低，我猜想这些大概是他自己雕刻的，拿到旧货市场卖，以换取家用。按照正常情况，我一定会买下，但那天我还想逛一逛，看看有没有其他心仪的旧货，背着几块石头太沉重，就犹豫了一下，还是先放下，猜想他应该没有那么快就走了，准备等逛完旧货市场再回去买下。然而，大概两个小时后，当我逛完准备回去找大叔买下的时候，却找遍整个市场也找不到那个摊位了，心里非常懊恼。一路上还心心念念那几个石雕，那么自然天成的石雕平时很难见到，真是可遇不可求，大概是与它们无缘吧，所以才会拿在手里又错过了，只能这样安慰自己。在开普敦美好的旧物之旅中，留下一丝遗憾和惋惜。

失之东隅，收之桑榆，虽然错失了石雕，但淘到了南非的金矿原石，也是一种对遗憾的弥补吧，这趟淘宝之旅也算是还有一些收获。但一直对那几个石雕难以忘怀的原因，大概就是人们常说的，得不到的东西总是最好的吧。

充满异国风情和种族特色的长街

绿市广场离长街很近，逛完绿市广场顺道就走到了长街。长街是开普敦的中心大街，街道两旁聚集了众多的特色商店、工艺品店、书店、

开普敦长街

异国风情餐馆、酒吧，以及时常在这里出现的波西米亚人。比起绿市广场的本土特色，长街的特点是它浓厚的异国风情和种族特色。据说这里曾经有几个戏院，经常有反种族隔离的演出，后来逐渐被餐厅和商店所代替，现在已难觅踪影。也许是因为治安问题，无论白天黑夜，长街上警察密布，他们的职责不仅保障日常治安，还会干涉乞丐以及地下交易者对游客的纠缠。因为餐馆酒吧多，长街的夜生活非常发达，本地或各国来的游客常常会在这里通宵达旦娱乐放松。

绿市广场周边还聚集了圣乔治人行道商圈、教会街等著名的场所，分布着许多特色的新旧货商店、工艺品店，也是淘宝的好地方。

除了绿市广场及其周边街道，开普敦还有许多规模相对较小的旧货市场，如果时间充足的话不妨逛一逛，也许会遇到意想不到的惊喜，比如桌湾（Table Bay）边的旧货卖场，是由汽车组成的市集，摊主们把商品摆在汽车后备厢上进行买卖，这里主要是各种古玩古董，有本地的，也有其他地方来的。不过它只在每周日的早晨七点到下午三点营业。

位于贝尔蒙特路石灰湾（Belmont Way Kalk Bay）的旧货市场，是特色的服装和家居产品的聚集地，那里集中了许多独立设计师开设的特色小店，可以买到当地设计师设计的服装、家具产品、手工艺品等，不过因为是设计师设计的作品，价格当然不会便宜。

如果想要种类更丰富的，可以到阿尔弗莱德与维多利亚码头，那里是开普敦最繁华的港口，同时也是开普敦最大的购物中心，在码头的周边，分布着各式小店，各类非洲特色工艺品和珠宝都能在这里淘到。

别具特色的书店

逛完开普敦的旧货市场，开始逛书店。这次开普敦之行，由于时间还算比较充裕，我专门留出一天时间逛这里的书店。虽然开普敦的书店不及日本的历史悠久，不及英国的古老，也不及巴黎的时尚，但它也有它自己的特点，是其他国家所没有的。在种类繁多的新旧书籍中，幸运的话还能淘到不错的老版或绝版书籍。

开普敦以旅游业著称，旅游书籍是开普敦书籍中的一个重要门类。如果你的非洲之行是从南非开始的，那么更要来逛一逛书店。在开普敦，有一家专注旅游书籍的旅行者书店，小到开普敦、南非，大到整个非洲大地的旅行，都能在这里找到专门的书籍。书店老板是一位老先生，更是一个资深旅行者，走过无数地方，对非洲很熟悉，若是准备继续在非洲行走，那么很多问题都可以跟他请教探讨，他是一张非洲旅行的活地图。

“Clarke’s”书店是比较综合性的书店。所有关于南非的社会、历史、文化、艺术的书都可以在这里买到。这里还有二手书出售，我就在这里淘到曼德拉和伊隆·马斯克的两本自传。

若是对美术绘画感兴趣，在“Biblioteq”书店有不少大师的作品，

企鹅滩

比如日本的村上建。

“Quagga”书店是我最喜欢的一家。它是一家古籍书店，走到门口就能感受它的特色——一幅草原上的斑马图。这里经营的都是旧刊书籍、历史古籍、本土艺术书籍，甚至还有部落文化的书籍。

还有比较综合的“Mabu Vinyl”书店、“Readers Paradise”读者天堂书店”、开普敦南半岛的“Kalk Bay”书店等，如果只想走马观花，感受非洲的书香文化，也不一定要买书，一家一家走过，慢慢品味也很有乐趣。

到第六区博物馆看种族隔离的历史，到好望角看大西洋与印度洋交汇，到桌山看“上帝的餐桌”，在阿尔弗莱德与维多利亚码头看繁华的港口，到绿市广场淘旧物，到书店看古老与鲜活的南非……这个“彩虹之国”，总不会让人失望。

大其力镇：金三角“心脏”的前世与今生

第十二章 缅甸

第十二章 缅甸

金三角，一个曾以毒品和武装割据力量闻名于世的地方，位于东南亚泰国、缅甸和老挝三国边境地区的三角形地带，具体包括缅甸东北的大其力、万宏、果敢、兴城、景栋、佤邦；泰国北部的清莱、清迈、清盛、米滑以及老挝西北的会晒、孟赛、丰沙里、南塔等地，总面积50万平方千米。这里峰峦叠嶂，森林繁茂，湄公河从此处流过，将崇山峻岭拦腰切断。众多的山谷和急流造就的峡谷和绝壁，形成大片交通死角，加之周边国家的闭关锁国，毒品泛滥，武装割据力量横行，你方唱罢我登场。地方武装与毒品的猖獗，为这里增添了许多神秘色彩，也曾让许多人对这里望而却步。好在近年来，在泰国等政府和国际社会的打击下，金三角慢慢改变往日面貌，逐渐向农业和旅游业转变。

清盛往事

从清迈出发，驱车4个小时，便到了泰国北部另一个重镇——清莱。再驱车一个半小时后，就可以到达泰国边境小城清盛。如果是坐汽车的话，可以在清莱下车后，直接在同一个车站转乘汽车前往清盛。

小城清盛就坐落在湄公河畔，对面是老挝的群山，此处距缅甸边境只有几十公里，距离中国也只有一百多公里。如今的清盛无论是在规模、发达程度和知名度上，都无法与清迈相比，但对于泰国人来说，这里却有着特殊的意义。

历史上，清盛被称为景线，是泰人在泰国境内建立的第一个国家的所在地——景线王国。后来曾被缅甸占领并统治了250年，才由昭拍耶王重新夺回。传说中的金三角，就在清盛的西边，或者说，清盛就坐落在金三角边上。往日，这里曾是罂粟的集散地，金三角的毒品从这里中

金三角

转南下泰国，再运往世界各地。

虽然景线城已经在历史中化为废墟，但它依然保存着相对完整的城墙系统，甚至比清迈等古城保存得还要完整。站在城墙上，草木葱葱，可以洞见历史的痕迹。

除了古城墙系统，景线保存得最多的是古老的寺庙和佛像，那些残缺的寺庙，星罗棋布铺满整个清盛古城。泰国人虔诚信佛，对寺庙和佛像颇为爱惜，它们对清盛城的寺庙和佛像进行过多次修缮重建，但终究抵挡不住岁月的侵蚀，它们或消失、或残破不堪、或坚强矗立，将王国的辉煌历史铭记在那些佛像里面。

时过境迁，如今泰国一侧的金三角已经是著名的旅游胜地。湄公河静静流淌，那些神秘往事依然在河岸上流传。往来商船不绝如缕，只不过，船上载着的已不再是毒品。

作为泰国最北的城镇，美赛一边通往清莱，是去往金三角的必经之

游弋在泰国与缅甸交界的美赛河上

地；一边通往缅甸，是进入缅甸的关口。美赛河在此流过，成为泰国和缅甸的边界河，最窄的地方只有不到 10 米宽，一座桥，连接着泰国和缅甸往来的通道，两国商贾在桥上往来，互通有无。

美赛城有一条唐人街，也是唯一的一条街。街的尽头，就是泰缅两国的国境线——横跨在美赛河上的桥。河对岸是缅甸的大其力镇，它与美赛隔河相望，被称为双子镇。近年来，许多中国人来此经商创业，他们从云南出发，穿过对岸的大其力镇，到达美赛，慢慢地，美赛成了中国货物的集散地。

美赛城虽然仅此一条街，但街上店铺林立，餐馆、商店、银行一应俱全，还有许多特色小店和摊贩，出售当地少数民族服饰、缅甸玉器、工艺品等，据说在这里不用担心买到假玉，因为缅甸就在几百米外的地方，根本无须卖假玉。

大其力：金三角的“心脏”

从美赛走过石桥，就是金三角的核心重镇缅甸大其力。过关手续很简单，用身份证直接在泰国海关盖个临时过境的章便可直接过去。

大其力在泰语中是“渡口黑心树”的意思，因美赛河边种植了许多黑心树而得名，它位于缅甸、泰国、老挝三国交界处，属缅甸景栋省，与泰国美赛隔河相望，一桥相连。长期以来，大其力镇都是金三角的“心脏”。从最初一个边境普通小村，成为扬名世界拥有五万人口的金三角地区最繁华的小城，大其力的当代史与毒品紧密相联，这是一座因毒品而兴的小城。上世纪七八十年代，这里是毒品生产和交易中心，全世界60%的毒品都来自这里。这个边境小城聚集了大量的人口，人员组成复杂，制毒、贩毒、吸毒、间谍、罪犯、帮派，到处灯红酒绿。这里发生过许多震惊世界的历史事件，也上演了许多传奇故事。

一座普通的石桥，连接起了泰缅两国，也连接起了金三角风云变幻的历史。看似两个小城，却是两个国家，乃至整个金三角甚至东南亚地区形势的最直接体现。两国局势稳定时，石桥大开，两国百姓商贾往来频繁，鸡犬相闻，两国交恶时，石桥便关闭。据说以前大其力没有发电厂，所用的电来自泰国，两国交恶时，缅方便切断电线，用柴油机发电，整个大其力都是一片突突突的柴油机发出的声音，也是一道奇观，后来大其力修建了发电厂，这样的场景便不复出现。

大其力镇街头

走在石桥上，往来都是泰缅两国百姓以及来这里的外国游客，挑担背包的贩夫走卒，神态悠闲的行人，嬉戏打闹的孩童，神态各异的警察，与平常的小镇无异。往来车辆繁多，由于泰国车辆靠左行驶，缅甸车辆靠右行驶，经常有互不相让的车辆在桥上针锋相对，也是一道奇特的风景线。

虽然已经是金三角最繁华的城镇，但这里依然落后，基础设施差，生活条件简陋。在当地有一种说法，镇里较好的房子大多都是毒贩的，而毒贩大多是华裔。其中最好的房子是坤沙家，当地民众称他们为老张家（坤沙原名张奇夫，曾是国民党残军首领，著名毒枭，亦是缅甸军阀，前蒙泰军（MTA）总指挥，因海洛因而闻名世界）。更远一些，可以看到泰国、老挝的边境小城，流淌的美赛河和金三角的美景尽收眼底。

如今的大其力已从往日金三角毒品交易中心转变为旅游胜地，因其曾经作为金三角核心、坤沙家所在地以及那些在这片土地上发生的传奇和历史事件、神秘的往事，使得大其力成为人们探秘禁地前世今生的关键之地。

缅甸是个崇尚佛教的国家，全国有 80% 的民众信仰佛教，走在大其力路上，无论是繁华的城镇还是偏僻的村庄，无论是喧嚣闹市或是高山之巅，处处可见各种佛寺佛塔，这些闪着金光的佛寺佛塔也是大其力最豪华的建筑。因为佛寺佛塔众多，缅甸有“万塔之邦”“佛塔之国”之称。几乎在每个小村小镇都可以看到僧人排着长长的队伍等待民众布施的场景，这是东南亚信仰小乘佛教国家的传统。每当看到这种场景，都能感受到他们内心的平静，在金三角这样一个曾经让世界为之颤抖的地方，很难想象竟然有布施这安静力量的存在，很难让人将两者联系在一起。

大金塔是大其力最好的佛寺，也是标志性建筑，位于大其力一个山上，从城里乘坐三轮嘟嘟车爬上山顶便到了。大金塔静静屹立山上，像一个倒立的大金钟，庄严肃穆，金碧辉煌，俯瞰金三角风雨变幻的历史。

湄公河畔四国共建的大佛

登上大金塔可以眺望整个大其力，边境小镇一览无余，美丽而宁静，建筑疏落有致，绿荫满城。

大其力还以其丰富多彩的民族风情著称，著名的长颈族克扬族便生活在这里。克扬族是一支依旧生活在母系社会的山地民族，大多生活在缅甸与泰国山地。这个民族最大的特点就是女人在脖子上戴铜项圈的习俗，他们认为长颈是美貌的象征，且脖子越长越美，所以女子从小就要戴着铜项圈，用项圈来拉长脖子，因而被称为长颈族。铜项圈伴随她们的一生，除了行动不便，她们认为这是生活的一部分。这一习俗就跟中国古代的缠足一样，是一种畸形的审美。不过随着社会的开放和时代的发展，很多年轻的女子也开始“离经叛道”，她们不再像老一辈那样子，脖子上套着又高又重的铜圈，将脖子拉得细长，即使戴着铜圈，也不会戴太多，甚至有些已经不戴铜圈了。

丰富多彩的集市下暗藏玄机

大其力镇不仅语言和习俗与泰国相似，连货币也是使用泰铢。两座城市几乎融合为一体，所以有人将这里称为“一城两国”。从泰国过来时身上带的泰铢在这里依然可以使用，如果没有泰铢就要在这里换。

远眺美赛河

曾经，美赛河桥下的大其力是毒品交易中心，如今已变成一条长长的商业街，店铺林立，人头攒动，热闹繁华。这是大其力著名的打洛集市，数百家商店经营着各种各样的商品，缅甸翡翠、玉器、工艺品、首饰、皮包、手表、椰壳制品、服装、鞋子等等。从外表看，这与任何一条繁华的商业街并无两样，但是那些隐藏在店铺背后的玄机，依稀向我们证明这里的过去，那些曾经发生在这里的事情，它们并未真正远去，只是隐藏起来，以另一种面孔呈现出来。

事先就有人告诉我们，这里以前是著名的毒品交易市场，要格外当心。来之前，我们都或多或少知道这些地方的特点以及忌讳的事情，也不做什么异常的举动或者出格的事情，连相机都不敢拿出来。

缅甸盛产玉石，最出名的就是缅甸的翡翠，由于它硬度高，光洁明亮，颜色鲜亮中带着平和，被称为“玉中之王”。清末民初，缅甸玉曾风行一时。据记载，云南商旅开展玉石贸易始于1788年，并发现缅甸玉的产地是缅北曼德勒市以北60余公里的抹谷。1830年至1840年间，缅甸玉的贸易达到全盛时期。经过一百多年的开采，缅甸玉越来越稀少，也越来越珍贵。

这里的商铺几乎家家有玉。虽然它们从外表上并不是玉器店，但与店主熟了之后，再问店主有没有玉石，通常他们都会拿出来，并跟你介绍这些玉器的品类及如何辨别玉的好差。好玉与次玉价值相去甚远，鉴定缅甸玉是一个技术活。我问店主，这里会不会买到假玉，店主连忙说，不会，不会，这里离缅甸玉的产区不远，没有必要造假。与国内玉器通常单卖不同，这里的玉石售卖很多时候是以板为单位，即一套的打包价。当然，这一套里面的玉器质量参差不齐，但只要有一个是好玉，那么其他便沦为这个好玉的陪衬，单是这个好玉就价值不菲，带回国能卖个好价钱了。

生意人通常都善于察言观色，从顾客的语言或者看产品的眼神、神态各方面就能大致判断出对方的喜好，大概店铺老板猜到我对这类东西感兴趣，也为了凸显与周边商铺的与众不同，在我看完玉器后，老板又神秘兮兮

象牙弥勒佛

从内间捧出一个盒子，放在柜台上打开。那是一尊象牙雕刻的弥勒佛像，弥勒佛身披袈裟，坐在坐垫上，露出圆滚滚的肚子和双乳，斜坐着，憨笑望向天空，神态轻松。无论是刻工还是手感都很不错，让我有点心动。

我很好奇这里居然有象牙雕卖。问老板这是从哪来的，老板压低声音说，是以前收回来的。我猜大概是哪个贩毒吸毒的人，为了筹集毒资把家里值钱的东西拿出来卖了换钱。起初没有答应，我说我考虑一下，便又逛街去了。我并没有忽悠老板，确实是一边逛一边考虑。问了一些商家，没有卖这类的，看来店主并没有撒谎。考虑之后，我就回去将这尊弥勒佛像请回来了。

大其力小城的夜市也是热闹非常。冒着热气、五花八门的缅甸小吃，新鲜的烤鱼看起来让人垂涎三尺，买饮料还可以送陶土杯……缅甸的小商贩心中依然充满童真，那些小吃、点心、杯子，都被捏成各种各样的卡通形象，很是有趣。烤芭蕉也是这里的一个特色，将芭蕉放入烤箱中像烤肉一样烤来吃。除了吃的，还有各种各样的当地人制作的工艺品，手工制作的工艺灯饰，用的是当地特色的土质纸，上面绘有精美的图案；用椰子壳制成各式的杯子、碗、勺等容器，充满浓厚的热带风情。

海参崴：漫游全球最大二手车天堂

第十三章 俄罗斯

海边的小渔村

提起海参崴，就让人想起“落后就要挨打”这句话。这片位于亚欧大陆东面，紧临日本海的阿穆尔半岛最南端600平方千米的土地，一百多年前还是中国的领土，属吉林辖地。海参崴一词即源于满语，意为“海边的小渔村”，以前这里是盛产海参的洼地。史料记载，清朝康熙年间，清政府和沙皇俄国签订《尼布楚条约》，条约中明确说明了，海参崴所在地区属清朝。然而1860年签订的《中俄北京条约》，清政府将乌苏里江以东地域，包括库页岛在内约40万平方千米的领土割让给了俄罗斯，其中包括海参崴。俄罗斯遂将海参崴改名为符拉迪沃斯托克，即“镇东府”“控制东方”的意思，其含义可见一斑。苏联解体前，海参崴是苏联俄罗斯联邦滨海边疆区首府，苏共第一书记赫鲁晓夫曾将此城与美国旧金山相比。如今的海参崴已经成为俄罗斯远东最重要的城市，远东太平洋舰队的天然不冻港，俄罗斯东海岸的“旧金山”……

至今，中国人依然习惯称之为海参崴，而不是拗口的符拉迪沃斯托克。到海参崴的国人，多少都会生出一些家国情怀吧！设想，如果这座城市仍然是中国的国土，那它今天会是怎样的？至少，在这片土地上的人都是讲国语的，问路买东西不需要手脚并用就能交流，更重要的是，你可以像到中国任何一座城市一样，自由来去，不需要签证，更不用经历严格的出入境检查。

然而，历史不能假设。

驻守在海参崴的俄罗斯太平洋舰队

边境线那边的故土

2002年，我到哈尔滨探望亲友，正巧有几天空闲时间，难得到中俄边境，到海参崴的念头浮现在脑海。虽然哈尔滨有直达海参崴的国际航班，但是想看中俄边境旖旎风光，最好的方式的还是坐火车。当然，更重要的是现实的原因——去俄罗斯自由行必须办签证，如果属临时出行，为了省却麻烦，可以报个旅行团过去，虽然少了一些自由行的自由，但好在旅行团的行程基本只安排在上午，下午晚上都可以自己走，跟自由行并无太大区别。

晚上从哈尔滨坐火车出发，经过一夜奔波，清晨醒来，发现窗外是一幅美丽的东北乡村雪景图，这么美丽的雪景我还是第一次见到，安慰了舟车劳顿的旅途。火车很快便到了边境小城绥芬河，这座与俄罗斯滨海边疆区接壤的边境山城，是陆路通往俄罗斯的中转站。

到站后休息一下，再从绥芬河火车站乘坐国际列车前往俄罗斯边境小镇格罗捷科沃。不过这趟国际列车并不是想象中那般美好，不到30公里的路程，居然行驶了 2 个小时，这大概是世界上最慢，也是里程最贵的火车了吧。从中国驶向俄罗斯的列车过境时候需要经过安检，但是俄罗斯安检的速度，很是让人抓狂。火车在格罗捷科沃火车站站台过关，早就听闻俄罗斯人行事风格缓慢，不谎不急，果真如此，过个关要在冻得人瑟瑟发抖的站台等上两个小时，更重要的是，这是俄罗斯的冬天，不是广东的冬天，何况这还是旅游淡季的速度，要是赶上夏季旅游旺季人多的时候，不知要排到什么时候。

过海关之后，还要再转乘俄罗斯巴士到海参崴。从格罗捷科沃到海参崴还有 4 个小时的车程，一路上所经之处都是白雪覆盖的荒原，鲜少有人。在广袤的俄罗斯土地上，冬天的原野大概都是这副模样，大地与人都陷入沉静。在许多俄罗斯文学作品中，都能看到这样的景象描写。

海参崴的中国烙印

作为曾经的中国国土，海参崴的身上依然烙印着浓厚的中国色彩，许多地名原先的名字就是地道的中国地名。比如日本海，原来的名字是"大清海"，直到 1859 年，时任东西伯利亚总督穆拉维约夫·阿穆尔斯基伯爵乘坐"美国号"战船抵达海参崴，来此勘察适合建天然海港之后，才将此地改名为符拉迪沃斯托克；海参崴的中央大街也因为他乘坐的"美国号"战船而改名为美国大街，后改为斯维特兰大街、列宁大街；现在的海洋大街，原名叫中国街；福金街，原名是北京街；乌博列维奇街原名为绥芬河街；还有头道河子街、二道河子区等，都是纯粹的中国地名，也是当年中国人居住的地方，如今难觅踪迹。至今山东、黑龙江一带的一些老人仍然把海参崴叫作"崴子"，他们当中的许多人当年都曾"下过崴子"，即到海参崴捞过海参。

虽然许多中式街道名字在海参崴割让后便被改了名字，但街名的嬗变，在某种程度上，就是这座城市历史由来及沧桑变迁的最好证明。

海参崴制高点

如今的海参崴依然有许多华人居住，但大多是后来才去到海参崴劳务经商的中国人，而原来住在海参崴的中国原住民都在 1938 苏联肃反运动中被杀或者被强制迁移。但“野火烧不尽，春风吹又生”，如今的海参崴依然居住着数以万计的中国人，他们凭借中国人特有的吃苦耐劳、任劳任怨的精神，顽强地在这里扎根生长。虽然他们大多从事的是比较底层的劳作，但他们的生意渗透到各行各业，影响着海参崴城市的正常运转和市民的日常生活。

即使作为俄罗斯远东第一大城市，但与今天的中国城市相比，这里显然落后很多。因距离俄罗斯首都太远，海参崴的发展一直缓慢，用俗语来说就是鞭长莫及。你可能想不到的是，这座城市最气派的建筑竟然是符拉迪沃斯托克火车站，且已有百年历史，是海参崴最著名的建筑。

这座建于一百多年前的火车站，是海参崴的象征，也是西伯利亚大铁路的终点。著名的西伯利亚大铁路，西起首都莫斯科，经鄂木斯克、新西伯利亚、克拉斯诺亚尔斯克、伊尔库茨克、赤塔、哈巴罗夫斯克（伯力）（说真的，别说记住这些地名，连读起来都很费劲），最终到达符拉迪沃斯托克，即海参崴。沿途穿过辽阔的松树林、跨越乌拉尔山脉，

蒸汽机车博物馆

穿越西伯利亚冻土带、针叶林和大草原，最终抵达太平洋沿岸，总长度9288千米，是世界上最长的铁路之一。它跨越地球周长1/4的里程，将莫斯科和海参崴连接到一起。自19世纪建成以来，这条铁路已经运营了一百多年。火车从莫斯科到海参崴历时7天7夜，如果有足够的时间和精力，想一览俄罗斯辽阔的草原、针叶林、山脉、美丽的贝加尔湖、俄式城镇风光，来一趟横跨俄罗斯大地之旅，那么这趟火车是一个不错的选择，不过得做好准备，据说只有到了有人居住的村镇或者大城市才有手机信号，大部分的时候是在横跨茫茫西伯利亚原野，而那些地方是没有信号的。当然，你也可以在中途下车，走完一个地方再上车前往下一个地方。

发达的二手车文化

海参崴有着著名的二手汽车市场。走在路上很容易发现，海参崴满大街都是二手日本汽车，丰田、皇冠、尼桑，简直就是二手车的世界。据说，这里的二手车价格非常便宜，两三千美元就可以买到一辆不错的二手车，最便宜的才几百美元，而且还可以提前向经营二手车的公司订货，选择自己喜欢的款色、颜色等等。这里养车的费用也非常便宜，一年大致只需 500 卢布，折算成人民币才两三百元。因此，总人口不过 60 万的海参崴，却拥有 40 万辆车，基本人手一辆，其中绝大部分都是日韩二手车。如果站在金角湾的高处往港口看，也许还能看到货轮正在装卸二手车。

如果到海参崴，基本从格罗捷科沃城开始，在当地所乘坐的车都是日本二手车。而且许多车都已经是十几年甚至二十年以上的年纪了，因为老旧，乘坐二手车时，常常会看到这样的情景：司机在开门或关门的时候，需要一只手用力按住车门上半部分，钥匙才能发挥作用。当然，更不用奢望这些车能有空调，偶尔碰到能使用的空调，就跟捡到宝一样

行走在海参崴街头

神奇。好在这里的夏季很少有超过30摄氏度的天气，没有空调也没有太大的影响，开开窗也能很舒适，若是在国内，哈尔滨、长春、沈阳这样的北方城市，夏季开车没有空调，那是不可想象的。

也许你会问，为什么那么老的车还没有报废？因为在俄罗斯，车辆没有报废的规定，只要车还能跑，就可以上路，更神奇的是，常常可以看到左舵的车和右舵的车一起在路上行驶。因为二手车发达且历史悠久，这里还形成了俄罗斯著名的“远东日本二手车文化圈”。

海参崴二手车文化的发达有其历史渊源，它的形成可以追溯到上世纪70年代的后半期，即苏联经济的“停滞时代”，并在80年代后期开始发展壮大。那时，苏联的运输轮船、货轮到日韩地区后，将当地的二手车带回本国，对于当时经济困难、汽车稀缺的苏联来说，二手车非常受欢迎。即使是二手车，日韩汽车无论是质量、性能还是外观上，都远胜于苏联的国产新车，而欧美汽车难以在远东地区买到，所以苏联民众对于日本二手车青睐有加，极大地推动了远东二手汽车市场的发展。

俄罗斯民众对于二手车的需求，除了质量性能之外，更重要的是，俄罗斯国土广袤，地广人稀，路况恶劣，特别是冬天的野外，充满了危险，对于民众来说，质量好、经久耐用且价格便宜的日本二手车，成为经济困窘的俄罗斯远东家庭的必需品。随着二手汽车市场的发展，还衍生出了转手贸易、售后市场、汽车零配件市场的发展。对于海参崴人来说，二手车就像美丽对姑娘很重要一样，所以他们将日本二手车称为“日本姑娘”。据统计，上世纪90年代，日本二手车的出口数量在每年15万辆左右，2005年为24万辆，到2008年高达近52万辆。日本二手车的发货港口大部分就在毗邻俄罗斯的日本海沿岸一带的富山港、伏木港、新潟港等港口，由于往来密切，交通方便，那些港口经常挤满了到日本淘货的俄罗斯人，他们所淘的物品，多是日本家电、汽车用品。

在海参崴有一个巨大的二手汽车交易市场——绿色之角，它是位于郊外丘陵地一个巨大的露天市场。从周边其他城市，甚至是从遥远的西伯利亚赶来的购买者，在这里与经销商周旋，淘得自己喜欢的“日本姑娘”。在这里，不仅能够用极便宜的价钱买到不错的二手车，还能看到很多款式特别的车。虽然不在这里买车，但是到这里看看转转，也是一大乐趣，特别是爱车一族来海参崴不可错过，因为你很难在其他地方看到这么丰富的，不同品牌、不同车款的车。

且对故人思故国

周叔是在海参崴生活、经商的数万中国人之一。说是经商，其实就是在路边开了一家小杂货店，靠着卖一些日常杂货用品生活。十多年前，他跟儿子从吉林来到海参崴谋生，便一直留在这里。而周叔的祖上就是海参崴人，他的祖先就葬在这里，在那场大屠杀中，他的祖辈被迫放弃

海参购物集市

世代经营的家产回中国吉林，但对于他们来说，根一直在海参崴。他记得他爷爷在世的时候，经常提起，他们的家在那个遥远的“崴子”，小时候，他们还常常在海边捡海参。那时他并不能理解爷爷说的话，也不明白家在“崴子”，为什么他们要搬到吉林生活。直到长大后，了解了那段历史，才理解了爷爷话中带着的无尽悲伤。

十多年前，老伴也去世了，剩下他和儿子。也许是受爷爷影响，周叔一直觉得他们真正的家在“崴子”，至少要去一下祖祖辈辈生活的地方看看，才能知道自己、自己的家族是从何而来。所以便和儿子来到海参崴，靠着做一些小生意维持着，谁知一待就是十几年。

每天早晨，天还没亮，他们就起床了，进货，搬货，开档，一直到晚上收档。虽然赚的不多，但足够维持父子的生活。在海参崴，有很多像周叔父子这样的中国人。

也许很少人会去问他们这样的问题，也鲜少人会关心他们的故事，所以那天周叔与我这个从国内来的人讲了很多关于家族的事，也是我想了解的在这里生活的中国人的生活。一个家族的命运，背后却是一段不能忘却的历史和伤痛，在周叔身后，是那段沉重的历史对个体命运的深刻影响。

我们聊得很投入，以至周叔一定坚持留我在家吃饭。吃的是周叔自己做的东北家常菜。在海参崴十几年，他们还保留着在国内的饮食和生活习惯。

周叔家摆设简陋，两个大老爷儿们，也不会怎么收拾。有些物品我看着已经有很多年头了，墙上还挂着一个老算盘，落满厚厚的灰尘，一看就是多年不用的了。

清朝全品红木算盘

我问周叔，“现在已经不用算盘算账了吧，现在电子计算机这么发达。”

周叔笑说：“早就不用了。那还是我们从吉林来的时候从家里带过来的，估计是我爷爷那年代就开始用的。虽然现在用不上了，也没有丢掉，就挂着呗。你喜欢吗？喜欢就拿去呗？”

“啊，不不不，你们家的东西，我怎么能要。”我忙推辞。

“没有什么，这些年好些老东西都扔了。可能下次清理的时候也会把它扔了。”

“那不是很可惜？”

“有什么可惜，这辈子见过的事情太多咯！”

我想，与其到时被扔掉，不如就收下周叔这份心。我说：“那我跟你买下吧。”临走时，我拿出三百块钱，想买下这个老物品。

“看你说的什么话。都是自己人，又难得聊得这么来。一个老算盘算什么。要谈钱就贬低了我今天与你聊天的情分了。”

拗不过，只好收下。

海参崴是个海边山城，我住的酒店就在金角湾旁的小坡上。白天站在窗前，能够看到著名的金角湾及金角湾大桥，日出日落，这里都是一个看海景的绝佳视角，颇有“你站在桥上看风景，看风景的人在楼上看你。明月装饰了你的窗子，你装饰了别人的梦”的韵味。夜晚，白日喧嚣的海参崴归于宁静。站在酒店窗前，遥望黑夜中的日本海，看不见的海浪不断拍打岸边，这是中国还是俄罗斯，自己也迷糊了。

不知从哪个窗口飘出若隐若现的音乐声，仔细听，原来是《喀秋莎》：

正当梨花开遍了天涯
河上飘着柔漫的轻纱
喀秋莎站在峻峭的岸上
歌声好像明媚的春光
姑娘唱着美妙的歌曲

她在歌唱草原的雄鹰
她在歌唱心爱的人儿
她还藏着爱人的书信
啊～这歌声姑娘的歌声
跟着光明的太阳飞去吧
去向远方边疆的战士
把喀秋莎的问候传达
驻守边疆年轻的战士
心中怀念遥远的姑娘
勇敢战斗保卫祖国
喀秋莎爱情永远属于他
……

这首伊萨科夫斯基作词、勃兰切尔作曲的卫国战争歌曲，唱得婉转凄切又昂扬向上，连中国人都耳熟能详，传唱不断。但是在海参崴听到这首歌曲，却又是另外一番滋味。

京都：日本人的阴翳美学与器物

第十四章 日本

京都，日本文化之都

看过一个讽刺笑话，“有位外国人向专家咨询，想要研究中国历史去哪里最好？专家回答，如果要研究中国历史，不必来中国大陆。想研究唐朝就去日本，研究宋朝就去韩国，研究元朝就去蒙古，明朝就去缅甸，清朝的话就去中国香港，民国时期就去中国台湾，至于‘文化大革命’嘛，去朝鲜就行啦。”虽是一则段子，但也道出了周边国家和地区深受中国历史文化影响之深。许多中国没有保留下来的文化，在其他国家和地区却依然完好保存着，并且成为特色。

两千年前的唐朝建筑在中国已经难觅，哪怕唐朝都城长安，也就是如今的西安，想要找出真正唐朝时候的建筑也不容易。日本京都，一座模仿唐朝陪都洛阳营建而成的日本古都，却代表了日本文化的最高水准，它曾在15世纪的“应仁之乱”中被烧为平地，但又在丰臣秀吉的统治下得以重建，并得到完好保存。二战中，日本将遭轰炸时，梁思成把京都和奈良的地理位置标志好交给盟军，希望不要轰炸京都和奈良，保护日本的文化古城，至今梁思成都被视为“古都恩人”。

日本著名作家、诺贝尔文学奖获得者川端康成在他的名作《古都》中，就以平静优美的文字描述了京都的风物人情，“北山的杉林层层叠叠，漫空笼翠，宛如云层一般。山上还有一行行赤衫，它的树干纤细，线条清晰，整座山林都像一个乐章，送来了悠长的林声……”许多地名如清水寺、嵯峨野（岚山）、圆山公园、八坂神社等，美食风物如京都汤豆腐、祇园祭、五山送火等，都因为这部名作而广为人知。

读川端康成的文字，就像自己在京都走了一遭，而当亲自到京都时，就像是曾经来过一样熟悉和亲切。漫步在京都街头，仿若时光穿越一般，

京都清水寺

随处是保存完好的古建筑、庭园小院。门扉掩映，院子中央用石块铺成小道，两旁植几棵古朴的松柏，花卉茂盛，绿草如茵，像一处浓缩的园林，优雅而古典。这里街道干净整洁，树木浓郁，随处可见的神社、佛寺、庭苑、住宅、传统艺术和活动、饮食，处处体现出一个古都的自信与低调。

京都是日本的骄傲，也是日本人精神的故乡。

日本的文化与中国文化有着千丝万缕的联系，所以日本的建筑、习俗、文字、美学乃至生活器物，既延续了中国古代文化，又在漫长的历史发展过程中，形成了自己的风格和审美。

因为历史渊源，日本是许多中国文物、古董的遗珍之地，曾拥有大量的中国古物，单是那些历史悠久的家族就收藏很多。引得中国大陆和台湾的收藏家、古董从业者及淘货者纷纷组织团队或者单枪匹马漂洋过海寻宝，那些遗落海外的珍品难逃一遍又一遍的淘洗，终于所剩无几了。据说现在日本的中国古董已经非常少了，但是旧物还是非常多。

日本是一个重视文化与器物的民族，京都作为日本文化的发源地，是名副其实的古董、旧物的天地。这里聚集了大量的古董市场和旧货集市，有的国际闻名，有的囿于私人。举办的日期从每周到每季不等，但基本每天都有集市开市，所以无须担心因为时间不巧赶不上。

弘法市场：“世界最大的市场”

东寺位于京都车站西南，始建于日本平安时代，用以镇守国家，是日本的护国寺。公元 823 年，东寺被赐给弘法大师居住，从而成为真言密教的道场。此后东寺几度被焚毁又重建，1644 年，德川家光重建东寺五重塔，塔高 53 米，是日本最大的塔。寺内珍藏了许多国宝级文物和

京都东寺

文化遗产，成为日本的国宝。

因 21 日是东寺开祖高僧弘法大师的祭日，为了纪念弘法大师，每个月 21 号这天，东寺都要举办法事，同时组织大型集市，也叫弘法市，每次都会有 800 家左右的店铺参加，热闹非凡。其中最著名的是 1 月的“首次弘法集”和 12 月的“最末弘法集”，会有超过 1200 家店铺参加，吸引 20 万人次参与。弘法市举办至今，已经有近 500 年历史。此外，每个礼拜日，东寺还会举办大型古董集市，所以每个礼拜日和每个月的 21 日，是弘法集市雷打不动开市的日子。

进入东寺市场，摊位就摆放在道路两旁，种类繁杂，从旧物、小玩意、古董，到日常用品、杂货，应有尽有，既有普通的商品，也有许多珍品。因为文化缘故，那些旧物古玩，大部分都能看出中国的痕迹。

京都弘法市场一瞥

如今的弘法市场已经悄然走向国际化了，来此参加集市的人，除了日本人，还有许多来自中国、韩国、美国、英国、法国的，各种语言混杂，手脚并用。还有外媒把弘法市场宣传为“堪比巴黎和伦敦以古董闻名的‘跳蚤市场’，是世界上最大的市场”。

因为摊位多，商品多，珍品也不少，为了不错过好东西，我尽可能沿着摊位走，并尽可能认真看每个摊位的东西，这样就不会错过许多摊位，也可以看更多的东西。在淘宝界有一句名言：常弯腰，能捡漏。也是经验之谈。在弘法这样的大集市，走马观花很难发现好东西。只有常

晚清 广彩花鸟纹盘

常弯下腰才能有所收获。上千个摊位要行走、站立、蹲下、扫货，是一项体力活。

基本上，每个旧货古董摊都有自己的特色和故事。我在一对老夫妻的摊上买了一对花鸟纹盘，盘子坯为青瓷，上面绘满花鸟，色彩艳丽，风格像中国的广彩，有一定的岁月了。盘底有落款，但看不出是什么。老先生说，这些旧物都是他们的心爱之物。他们家三代都收藏古董旧物，从他祖父那一代，他们家开始收集，到他父亲时候，他们家的古董数量和质量都快赶上专业的古董店了。后来古董渐渐少了，到了他这一代，就开了间杂货店，卖一些古董，也卖一些旧物，有集市的时候，他们就来集市摆摊。他跟我说，我手上这个花鸟盘是他父亲时候收藏的，现在已经很难找到了，他们很喜欢这个盘子，以前一直舍不得拿出来卖，但为了维持生意，他们必须把它卖了。后来我把盘子带回国，请著名鉴赏专家，广东省广地珠宝鉴定中心主任侯舜瑜先生看了一下，是一个晚清的广彩花鸟纹盘。

还有一个摊主，因为喜欢喝茶，便收藏各个年代各式各样的茶碗，后来收集的茶碗越来越多，就干脆做起茶碗生意。他告诉我每个年代茶碗的不同特点，以及如何辨别九谷烧、有田烧、清水烧等日本烧瓷。如今，他每个月都要到京都各个市集摆摊，每天不是在摆摊，就是在摆摊的路上。

日本人卖东西都比较实在，而且很少作假，如果是古董店或古董摊，卖的就是实实在在的古董器物。价格也比较实，不会乱开价，所以一般也不好讲价，试着几次发现果真如此。我也观察到，有些人不知道这一点，以为像在其他国家的跳蚤市场一样，二话不说就先来个“拦腰斩”，结果让摊主觉得没有诚意，笑笑让他们去其他地方看看，不再与之做生意了。这样的砍价方法在日本最后往往会一无所获。

基本每个摊位我都要蹲下来看一下，连续做了几百个深蹲起立之后，体力已经消耗得差不多了，便到寺外找个地方吃点东西补充体力。市场内有些时候很难找到吃东西的地方，所以准备长逛市场的话要做好充足的体力准备。

北野天满宫古董市场——“日本的潘家园”

北野天满宫，也称天神宫，建于公元949年，供奉着日本学问之神菅原道真，他是日本三大天神之一。1607年由丰臣秀吉重建，至今也有四百多年历史。

菅原道真是日本平安时代的著名学者和诗人，也是日本唯一一位以才学登相位的作家。他是日本平安时代文学的顶峰，汉诗文达到很高的水平，醍醐天皇时代身任右大臣，人称菅丞相。醍醐天皇看过他家祖孙三代的诗集，认为已经超过了唐朝的白居易。后来，菅原道真突然被贬

北野天满宫

太宰府，死于被贬之地。菅原道真冤死后，京城出现了一系列异常天象，瘟疫流行，怪异丛生，人们认为是左大臣藤原时平谗言迫害菅原道真的结果，于是开始在北野地区把菅原道真当作天神祭祀，后来在北野建天满宫供奉天神，抚慰冤灵。

北野天满宫供奉着文化神，香火非常旺盛，许多人都会来这里祈愿，入试（入学考）合格祈愿、试验（考试）合格祈愿、学业成就（毕业）祈愿是天神宫最突出的三种祈愿。还有学校组织老师带着学生来这里祈愿。天神宫里有神牛灵猪石像，据说用手抚摸石像的头可以增进智慧，考试顺利，许多游客都虔诚地在抚摸。天神宫还种植了 2000 株梅花，每年二三月梅花盛开的时候，都会举行梅花祭。

6 月 25 日是菅原道真的诞生日，2 月 25 日则是他的祭日，碰巧都是 25 日，所以每月的 25 日，天满宫都会举行法会。热闹的法会吸引了各种商家前来摆摊，逐渐形成了现在的“天神市”，即北野天满宫古董市场。寺院内，大典隆重，寺院外，一个个古董摊位沿着寺院摆放，一直延伸到附近的巷弄里，热闹非凡。

北野天满宫古董市场被誉为“日本的潘家园”，所售古董旧物并不高档，多是民间旧物及工艺品，如茶道具、香道具、日本烧瓷、古布、铁茶壶、木制品等，但都是货真价实的老东西，价格也便宜，令人欣喜。

因为在京都待的时间比较长，一直想要一对玻璃酒杯用来喝酒，一直没有看到中意的，这次逛天神市，看到卖玻璃器皿的小摊前有一对精美的酒杯，是我一直想要的那种，问了一下价格，才1000日元，立马将它们买下，后来每次用它们喝酒的时候，想到它们的来历，便越看越喜欢。

酒杯

百万遍知恩寺手作市集：京都的造物文化

日本崇尚“工匠”“职人”精神，手工匠人在日本具有崇高的地位，也是人生典范。

“日本京都的造物文化是世界上其他地区无法比拟的。此般美妙生活亦是京都自漫长历史中积蓄而得并延续至今的。如此小城却有如此精湛的技艺，这是其他城市无可比拟的。”日本樱花编辑事务所编著的《京都手艺人》一书中，描写了京瓦、木工艺、竹工艺、莳绘、京刃具、能面、京足袋、截金、京编绳、裱装、流苏、传统乐器弦、京扇子、京素染、旗印染、京鹿子绞扎、京团扇、京印章、型友禅、京提灯、京绣、西阵织、花簪、色纸短册、京弓、薰香、京真田带、神镜、调音绳、京佛具、和装书、金属工艺、茶筒、数奇屋五金、手印纸牌、京念珠、京黑绞纹染、机杼、京石工艺品、京和伞、京铭竹、金网细工、和蜡烛、京唐纸、烟管、京垂帘、黄杨梳、京镶嵌、绳结细工等50种京都手工艺，通过深入采访那些手工匠人制作的过程，以探讨京都手工艺品和手工匠人的生存状态。而对于我们这些业余人士来说，了解京都手作和手工匠人，最好的方式就是逛手作市集。

每月的15日，从早上8点到下午4点，是百万遍知恩寺市场开市的时间。

从町柳地铁站出来，步行10分钟就到了百万遍知恩寺市场。弘法市场和北野天满宫古董市场主要以古董为主，而百万遍知恩寺市场则以手工制品为主。开市时，四五百个搭着布棚的摊位一排排规划整齐摆放，正中间留出较宽敞的通道供游客行走。那些摆摊的摊主，既有来自京都，也有来自邻近的大阪府、滋贺县等地区，甚至还有外国人摆的摊位。

百万遍知恩寺手作市集创立于1987年，比起其他历史悠久的古董集市，它还是一个年轻的市集，但已经是京都规模最大的定期市集。百万遍知恩寺手作市集主要是为“素人制作的手工艺品”提供展示地，展出的手工作品从木制品、竹制品、容器、漆器、纸制品到服装、食品等一应俱全。

京都人对手作之物都有一种发自内心的敬重和热爱，他们为京都灿烂的手工技艺感到自豪。有参与者就说，能清楚地了解每件作品背后的故事，作为日本人，是多么幸福的一件事。可见他们对手工作品的崇敬。

京都乃至日本都有很多专门的手作集市，既有公办的，也有私人的。有一些匠人会联合起来举办展览或市集，或组成联盟，也创造越来越多的日本手作新品牌。

日本人的阴翳美学与器物

除了古董市集、旧物市集，京都的街道上，也随处可见各种古董旧物店。

隼人三葉躑躅
（ツツジ科）

古门前通、新门前通和大和大路通一带是京都最迷人的地方，这里仍然保留着平安时代的建筑风情。道路两边尽是低矮的木质老屋，黑瓦低檐，不上漆的纯木板墙和柱子散发出古老的气息。精致的绿色盆景、昏黄的灯光、古老的器物相得益彰，组成一条古典风味的老街。旁边的祇园是艺伎区，不时有浓妆艳抹，穿着和服、足履的艺伎迎面走来。

这些精致的木质老屋内，多是经营古董旧物生意。这一带聚集了几十家古董旧物店，因此也被称为古董街。在街道两边，有许多深深的巷子，仅能容一两个人行走。小巷两边，也是许多做着古董旧物生意的老木房子。拨开门帘布，走进去，内里空间并不大，但装潢精细，自然朴素，没有过多的赘物。木托架上，摆放着许多古朴的器具、古董、旧物，熏香缭绕，没人来的时候，店主就自己焚香抚琴，一副怡然自得的心境。

见有人进来，店主起身迎接，询问有没有什么需要帮助的，我表示说我想先看一看，他便和善地站在一旁，让我慢慢浏览。

这些器物是日本典型的古典瓷器、老铁壶、铁壁挂，他们的特点就是简约朴拙，很少有出彩的装饰，最大限度保持了器物最原始的特点，充满禅味。放器物的木架木托，也大多是黑色系，小到一个茶杯，大到整间屋子的装饰，皆是如此。日本的古董器物风格和做工在很大程度上传承于中国，但在漫长的历史中，又发展了自己的风格特色，最大的特点就是崇尚阴翳、简约、朴素的美学，从日常器物、古董旧物、房屋装饰到整个生活环境皆是如此。

我尝试问店主有没有中国的古董旧物，老板摇摇头，就只有这些了，他指着一个木架上的几个瓷盘说，早几年还有许多，现在已经被中国的古董商给买光了。看来那些人所言非虚。

从小巷走出来，一条清澈的溪流从眼前流过，流水潺潺，岸边的樱花盛情绽放，落在水上的花瓣随着流水漂向远方。满树垂落的樱花，为古老而阴翳的街道与建筑增添了一抹明媚而温柔的色彩。

吴哥：迷失在高棉的微笑里

第十五章 柬埔寨

“东方所罗门神庙”——吴哥废墟

有着“东方所罗门神庙”之称的世界奇迹吴哥窟，为目前世界上最大的庙宇，建造于千年前的吴哥王朝，为国王耶跋摩二世（Suryavarman II）举全国之力耗时三十多年建造而成，作为吴哥的国都和国寺。在吴哥王朝灭亡后的几百年时间里，吴哥窟被抛弃，淹没在柬埔寨的热带丛林中。几百年来，没有人去注意这个世界奇迹的存

吴哥窟

在，甚至连柬埔寨本国人也将它遗忘在丛林深处。直到1860年，一个法国的年轻探险家亨利·穆奥拨开丛林，将这座文明的废墟重新呈现在世人面前，终于让全世界为之惊叹，也由此改变了长期以来西方对东南亚的认识。

亨利·穆奥是在洞里萨湖北面发现的神庙，那里有许多柬埔寨的村庄，当地人用木头在湖面上搭建起简陋的高脚屋，房子破烂，家徒四壁，但在不远处却是比罗马、希腊建筑更加宏伟的古迹，两者天差地别。由于高脚楼的建造技术与神庙的建造技术堪称天壤之别，没有人相信这些宏伟的神庙是这些建造高脚楼的人的祖先所建，更有甚者，连当地人都不相信是他们的祖先所建造。那些当地居民早已知道丛林中有楼宇的废墟，但他们并不觉得奇怪，反而想象出许多神庙由来的可能和传说，比如有传说是巨人所建造，而穆奥则认为可能是欧洲人建造的。

在发现这些文明的废墟时，穆奥曾感叹：

在吴哥，这里的废墟是如此壮观，以至于人们看第一眼时就充满了崇拜之情，他们不得不疑问，到底建造这些巨大建筑的种族是谁？这个种族看上去如此强大，如此文明、充满天启。

这些神庙中的其中一座足以和所罗门神庙相比，它是由古代的米开朗琪罗建造，足以跻身我们最漂亮的建筑之中。它比希腊罗马给我们留下的任何一个建筑都要雄伟，却与现在这个国家的野蛮状态形成了鲜明的对比。

在穆奥看来，这个国家是野蛮的，他不相信它有着文明的历史（不怪西方人不相信，因为柬埔寨人自己也不相信）。很多西方人尝试从西方的历史中寻找他们祖先曾到过东南亚建造这座宏伟庙宇的蛛丝马迹，结果都一无所获。直到越来越多的遗址、铭文被发现，人们才知道，原来这个看似野蛮的国家，柬埔寨人的祖先高棉人，曾经有过辉煌的文明和历史，一个远去的帝国的身影就这样重新展现在世人面前。

在柬埔寨的历史上，关于高棉的记载很少，反而在中国的古籍中，记载了不少关于柬埔寨早期的历史，最早可以追溯到《后汉书》，记载了一个“究不事”人进贡犀牛角和白雉的故事，“究不事”即柬埔寨。在《晋书》《北史》中也记载了不少柬埔寨进贡的事件，不过它的名称已经改为“扶南”“真腊”。

《梁书》中记载了扶南国的风情：

扶南国，在日南郡之南海西大湾中，去日南可七千里，在林邑西南三千余里。城去海五百里。有大江广十里，西北流，东入于海。其国轮广三千余里，土地洿下而平博，气候风俗大较与林邑同。出金、银、铜、锡、沉木香、象牙、孔翠、五色鹦鹉。

这些研究柬埔寨历史的重要资料，可帮助后人在一定程度上认识这个国家。

吴哥窟怀古

残疾的乡村英语教师

到吴哥窟的路上，经过一个小村庄。村子里有一处简易搭建的木棚，棚顶用茅草铺成，上面盖着铁片，铁片上还用砖块压着，大概是为了防止铁片和茅草被风掀起，棚顶下用几根木头撑着，没有墙壁。木棚里整齐摆放着几张长木桌，都很破旧。地面是原始的泥土地，没有任何修整铺垫。里面有几个学生在上课，大的有十来岁，小的只有几岁，授课老师是个年轻的小伙子，坐在轮椅上，是个残疾人。显然这不是一个学校，而是私人授课。后来问了一下旁边的人，才知道这里是小伙子的家。小伙名叫陈·鲁姆，是班提米吉省人，从小患有小儿麻痹症，无法行走。

他家里有三兄弟，他是老大，父母早逝，一个弟弟结婚了，在泰国，很久才回一次柬埔寨，一个弟弟还在上学，陈·鲁姆就负担起弟弟的学费。因为贫穷，他没有上过学，却凭着自己的努力，学得一口流利的英语。平时他在旁边的一家英文学校学英文，然后回到村庄里教学生英文。刚开始时，没有地方上课，为了租地和生活，他象征性收一些学费，但并不在意学生有没有交学费。没有桌椅黑板等教学设备，学生到他家上课，就直接坐在泥土地上，或者他的床板上。

木棚里几乎没有什么教学设备，一块白板，几支马克笔，一块擦布，就开始上课了。不仅白天上课，晚上也上，热带丛林多蚊虫，特别是到了晚上，有灯光的地方都会聚集大量蚊虫，可想而知条件之艰苦。那些孩子很羞涩，也很好学，看得出他们很尊敬老师，并体谅他的不易，帮助他把教学内容写到白板上。这里的学生总共有一百多人，都是周边村庄的孩子，学生太多场地容纳不下，他把学生分成不同时间段上课。木棚里面铺着一些木板，那是他吃饭睡觉的地方。这个地方是他租来的，这么一个破地方也要五十美金一个月。

陈·鲁姆不仅是英文教师，还是一个虔诚的基督徒。平日里除了上课，他经常骑着他的三轮摩托车到周边的村庄传福音。村民说，在周边的村庄经常可以看到他骑着三轮摩托车在跑，有时是一个人，有时会有朋友跟他一起。

我静静在外面站着，一边看他上课，一边听同行的人讲他的故事。深深感觉到，再贫瘠落后的地方，也常常有很多希望的光芒。

吴哥文明的最后一道光

吴哥位于暹粒市北，距离市中心 6 公里多，分为大吴哥和小吴哥。大吴哥即吴哥通王城，小吴哥即吴哥窟，它是一个功能齐全的城市，宫殿、庙宇、花园、城墙等组成吴哥王朝的都城。柬埔寨国旗的图案就是以吴哥窟为原型。

当贾亚瓦曼二世统一高棉时，将首都建造在洞里萨湖背面，那大约是中国的唐朝至元朝时期。此后，吴哥历经多次修建，逐渐成为高棉的精神核心和信仰中心。高棉王国最强大的时候，整个柬埔寨、泰国、老挝乃至越南地区，都在它的统治下，后来王朝衰落，国家分裂，才慢慢分解形成这几个国家。六百多年后，泰国入侵高棉，高棉人被迫弃城迁都，将新首都建在金边，而这座工程巨大的都城则被遗弃在丛林深处几百年。

吴哥通王城由5座城门、王宫、巴戎寺、斗象台、癞王台等建筑组成。巴戎寺是吴哥通王城的中心。当年，阇耶跋摩七世在年近六十之高龄，扶大厦之将倾，挽狂澜于既倒，为挽救国家与百姓，他扛起振兴高棉帝国之大旗，成为高棉国王。历史证明，他是一位杰出的国王，在他二十年的执政期内，真腊王国由一个积贫积弱的国家，发展成为统辖54个省的强大帝国。吴哥城中54座四面像巨像，就代表了吴哥王朝鼎盛时期统辖的54个省份。他将国教由印度教改为大乘佛教，为母亲建造了塔布隆寺，为父亲建造了圣剑寺，为百姓修建了能够救死扶伤的涅槃寺，同时也为自己修整了巴戎寺。

巴戎寺历经国教的更替，建筑的不断修建，王朝的兴衰，形成了今天看到的丛林塔的形式。远远看去，巴戎寺就像一座建造在两层空心台基之上的金字塔，最高处是涂金圆形宝塔，象征了佛与人息息相通的佛教思想，周围分布着

与柬埔寨僧人合影

48座佛塔，簇拥着中心的巴戎寺。巴戎寺廊壁上，刻满故事性的浮雕，如果以东门为起点，顺时针方向，可以看到浮雕上一系列的历史故事：出征占婆—林迦崇拜—水上战争—水上生活—取得胜利—斗鸡下棋—军队内战—大鱼吃羊—胜利游行—马戏团—占婆人洗劫吴哥，分明是吴哥王朝由盛转衰终至灭亡的过程。

吴哥窟怀古

阇耶跋摩七世改国教为佛教之后，佛教的元素如莲花、佛像就经常体现在巴戎寺的建筑上，让巴戎寺多了宁静和从容的气息，而不单是印度教中永无休止的斗争。因为经历从多神崇拜的印度教到佛教的转变，多次重修和改建，让巴戎寺这座笼罩着神秘色彩的寺庙成为宗教的圣地，因此，有人将它称为“人用手塑造和雕刻出的一座山峰”。

巴戎寺每一个佛塔的顶部，都是一个四面佛，代表着喜怒哀乐。无论从哪个角度看，都能看到佛像的微笑，带着神秘迷人的魅力，安静祥和地注视着尘世和百姓，那就是著名的“高棉的微笑”，据说是根据阇耶跋摩七世的笑容雕刻而成的。曾经的巴戎寺塔内，珍藏着佛像珍宝，是柬埔寨的国宝，但它的命运与中国的莫高窟命运却是惊人地相似——被入侵者洗劫，只剩那些刻画在墙上、石头上的艺术无法掠去，其他皆在战争中被掠夺一空。那是一个国家的历史文化之殇。如今的巴戎寺，只有高棉的微笑，笑看所有凡尘的荣辱悲欢，但我们依然能够从高棉永恒的微笑中，看到它曾经的辉煌与强大。

阇耶跋摩七世后，高棉王国走向衰落，巴戎寺也因此成为吴哥王国最后的辉煌时刻，像是帝国的回光返照，因而被誉为“吴哥文明的最后一道光”。

从巴戎寺往前走是巴方寺，它是11世纪中叶的真腊国王优陀耶迭多跋摩二世修建用于供奉湿婆神（Shiva）的国寺，而从巴戎寺北门出来则是斗象台及12塔庙等古建筑。

由于淹没在热带丛林中几百年，吴哥的许多建筑与废墟都与树根、树干紧紧交缠融合在一起，有些废墟甚至已被树根所覆盖。巨大的盘根错节的树根紧紧抓着残垣，将强大的根系紧紧插入每一个缝隙中，那些渗透了岁月与力量的场景，让人震撼。

在吴哥当地流传着一种说法，如果你的心事与秘密无人可以倾诉，那么到吴哥窟来，将心事与秘密诉说与吴哥窟墙上的秘洞中，然后用草木将秘洞封存起来，秘密和心事就会随风飘逝。

记得电影《花样年华》中就有这样一个情节，男主角历经情感波折后，一个人来到吴哥窟。他站在石像面前，将满腹心事忧愁倾诉与沧桑斑驳的墙壁秘洞，将秘密与吴哥的佛像永远融合在一起，终于获得解脱与宁静。他站在吴哥窟石像前那段独白让人印象深刻：

> 那些消逝了的岁月，仿佛隔着一块积着灰尘的玻璃，看得到，抓不到。他一直在怀念着过去的一切。如果他能冲破，那块积着灰尘的玻璃，他会找回早已消逝的岁月。

这段话又何尝不是高棉的写照，也是我们自己的写照。在某一点上，人类的情感总是相通的，他人的心事，往往也会打中我们的心。不管它是传说还是真实存在，都不重要，重要的是，当你站在历史的废墟上，注视着“高棉的微笑”，当你面对着沧桑的岁月，那一刻，你的心已变得通透了，前尘往事在那一刻随风飘散。

吴哥的美在于斗转星移后的处变不惊，在于历经沧海桑田后的云淡风轻。残破的美隐于远离尘世的僻静之地，残垣断壁也会是最美的景色。

在吴哥的各个景区，经常有儿童向游客兜售各种纪念品、工艺品，但他们从来不缠人，无论买不买，他们都是微笑着，那种淳朴羞涩的微笑，让人感动和心酸，也常常让人心碎。

吴哥夜市与暹粒市场

夜市几乎是东南亚国家的标配，包括暹粒。吴哥窟的名气，常常会让人忘了暹粒的存在。暹粒，意思为“战胜暹罗”，暹罗即泰国，由此可以看出，那时强大的王朝连暹罗也不放在眼中。它距金边三百来公里，是柬埔寨暹粒府的所在地，也是一座典型的东南亚佛教小城。

也许是吴哥窟的光芒太过耀眼，暹粒的夜市也叫作“吴哥夜市”，它是了解暹粒民间文化和当地居民生活的一个不可错过的地方，也是这座古老的小城最热闹的地方。

夜市杂货

比起周边国家的夜市，吴哥夜市设立时间较晚，2007 年才开始营业，但依然是柬埔寨的第一家夜市。也许因为设立时间晚，吴哥夜市经营管理显然都是有统一规划的，更加现代化、规范化。清迈、琅勃拉邦等地方的夜市是在路两边搭起伞棚就开业，而吴哥夜市则是统一使用天然环保材料建成的柬埔寨风格的小屋，虽然形式统一，易于管理，但显得人为的因素太过浓厚，反而失去了夜市那种自然、民间、随性的感觉。与传统夜市一样，吴哥夜市也是由餐饮和传统工艺品两大部分组成，大概有两百多个卖传统手工艺品和纪念品的摊位，经营范围从民族服饰、银器制品、丝绸制品到木石雕刻、绘画、珠宝不等，以及随处可见的佛像制品，充满浓厚的吴哥气息。

吴哥夜市吸引的更多是游客，而老市场（Old Market）就是本地居民日常去的地方。老市场位于洞里萨湖边，有当地居民的菜市场和旅游市场。因为是本土市场，比起夜市显得脏乱，但更接近柬埔寨人的日常生活。菜市场的商品是本地居民的日常生活所需，而旅游市场还是针对外来游客比较多，物品比较丰富，有许多仿吴哥建筑的泥塑工艺品、木石雕刻、手绣真丝披肩、柬埔寨薰香、布织品等本地特色商品。但无论买什么，都别忘了砍价。

老市场有许多卖小叶紫檀、黄花梨及其制成的各类工艺品、艺术品，小到碗筷手串，大到雕像，价格都比较实惠。去了几个店铺，我让老板把他们最老的作品拿出来给我看看，有天然的根系，有各类雕像，有老沉香手串，有镇纸等等，但都没有看中的。最后有个老板，大概觉得这个人还是懂一点货，而且要找那些年代比较久远的，就叫我跟着他，他带去我看个东西。我也好奇他会带我去哪里看什么东西，强烈的好奇心驱使下，跟着老板绕过几条街，穿过田野，走过树林，最后来到一个村庄，那是一片建造在水边的高脚楼，还是用原始的木头、茅草搭建而成。跟着他走进一处人家，我猜想这应该是他的家，他在屋里的一个角落翻东西，我就站在门口，望着眼前那片湖和那些建造在湖边的高脚楼，湖

老市场

水发黄，湖面漂浮着许多水生植物，许多成人和孩子撑着小木船在水面上穿梭。这大概就是洞里萨湖的水上村庄吧。

老板捧着一个盒子，示意我进去。打开盒子，那是一个紫檀木雕的罗汉佛像，那佛像圆润有光泽，缝隙中布满大概许多因年代久远而生成的灰尘。佛像神态栩栩如生，表情似乎是很严肃，又似乎在严肃中带着笑意，一手握着佛经半举着，全身线条流畅，造型简约，很是生动。从造型、质感、光泽各方面来看，这应该是有百年以上的老艺术品了。果然那些商人也是看人给货，如果不跟着老板来这里，根本就不能看到这些东西。

我有心收下这个佛像，便问价格，老板开了一个价，在合理的范围内，而且看老板的样子，还有可以回还的空间。最后跟老板几番来回商量，以一个远远低于市场的价格跟老板买下了。

走出高脚楼时太阳已渐渐西沉，金色的余光洒在湖面上，半江瑟瑟半江红。那些简陋破落的高脚楼矗立在湖面上，仿佛与世隔绝一般，静静守在洞里萨湖边。面对此情此景，心中升腾起一种莫名的悲怆，以诗作别……

清代紫檀木雕罗汉佛像

《别了，吴哥窟》

因为你的忧伤
我来到了你的身旁。
本想作一次心灵的探访
惆怅却让思维迷失了方向。
残垣的历史无法修复你心灵的断壁
疮痍的现实注定你永远伴随凄凉。
别了，吴哥窟
我无法劝慰你的忧伤。
别了，吴哥窟
看见你
我同样忧伤。

第十六章 阿根廷

"南美洲巴黎"

500多年前，当从欧洲千里迢迢远道而来的西班牙探险队的船只驶入南美洲拉普拉塔河口时，发现河的南岸阳光普照，绿野千里，空气清新，不禁叹呼："布宜诺斯艾利斯！"西班牙语即："多新鲜的空气啊！"于是，后来的阿根廷首都，南美第二大都会，南半球第二大城市——布宜诺斯艾利斯就这样出现了。

此后，布宜诺斯艾利斯一直作为西班牙的殖民地而存在，并出现了两次移民潮，许多欧洲人，特别是西班牙人迁移到这里。直到1816年，布宜诺斯艾利斯才正式从西班牙独立出来，成为阿根廷的首都，这距离1516年第一个西班牙水手到达拉普拉塔河刚好过去300年。欧洲殖民历史深刻影响了布宜诺斯艾利斯城市和文化的形成：欧洲殖民布市几百年，原著民印第安人失去了他们的家园，殖民者在文化、政治、经济上将布宜诺斯艾利斯欧洲化，他们的后裔也成为这个国家的主人。

19世纪以来，富饶的潘帕斯草原为布宜诺斯艾利斯带来丰厚的财富，19世纪下半叶兴起的铁路建设极大增强了它的经济实力，布宜诺斯艾利斯成为一个新兴多元化城市，并在多方面都与欧洲城市相当，被誉为"南美洲巴黎"。

除了地理位置，阿根廷在骨子里还是更靠近欧洲的。走在布宜诺斯艾利斯街头，随处可见保存完好的欧洲古典艺术建筑，哥特式的教堂、罗马式的剧院、西班牙式的庭院、欧式风格的街道，散发着浓厚的欧洲文化的气息，很容易产生身在欧洲的错觉。布宜诺斯艾利斯哥伦布（科隆）剧院是世界最著名的剧院之一，仅次于意大利米兰剧院和法国巴黎剧院，世界排名第三，拉美第一，其建筑风格融合了意大利的大度从容、法国的浪漫优雅和德国的厚重于一身，内设富丽堂皇、恢宏古典，沉稳中不失优雅，厚重中不失浪漫。不仅建筑、街道、文化与欧洲城市相似，很多阿根廷人也是欧洲人后裔，因此布宜诺斯艾利斯也被称为“最欧化的拉丁美洲都市”。

与巴黎一样，布宜诺斯艾利斯也是一个浪漫之都。浪漫色彩充斥着城市的各个角落，风靡全球的性感舞蹈阿根廷探戈即起源于 19 世纪的布宜诺斯艾利斯。在城市街头，经常可以看到跳探戈的激情舞者，从青春少年到白发苍苍的老者都可以随地起舞，水平虽然比不上剧院的专业舞者，但他们热情奔放忘我，经常会感染路过的人。

布宜诺斯艾利斯跳蚤市场、古董市场众多，规模大，商品种类繁多，与古董旧物集散之地巴黎相似。每到周日，多雷戈广场就会化身为热闹的古董市场，摊位一个紧挨着一个，出售古董、皮革、手工制品、珠宝饰品，雕塑、建筑、绘画等古董旧物。

人生中最美的时光，就是那些往日时光……在布宜诺斯艾利斯，仿佛可以追寻到往日时光的痕迹，古典的欧式街道、色彩斑斓的墙壁、激情的街头探戈、热闹的跳蚤市场、集古典和创意于一体的老旧物品，充满小资情怀，文艺气息，阿根廷人的内心是浪漫和古典的。无论从哪方面看，布宜诺斯艾利斯都像极了巴黎，是名副其实的“南美洲巴黎”。

布宜诺斯艾利斯的心脏

了解布宜诺斯艾利斯的城市风情，可以以五月广场为起点，往外围扩散。

五月广场是布宜诺斯艾利斯的心脏，为纪念在 1910 年五月革命中牺牲的爱国人士而修建，广场上矗立着“五月金字塔”，是布市的标志性建筑。

五月广场

以五月广场为起点，东面是总统府，其外墙为粉红色，也称为玫瑰宫，据说是用红白两色调成，象征民族团结，国家统一。玫瑰宫的阳台上，当年庇隆夫人和庇隆总统就站在那里，接受阿根廷民众的欢呼。周六、日是总统府开放的时间，允许游人免费进去参观。在玫瑰宫后方不远，有一条河道，河道不出名，出名的是河道上的桥——一座充满女性艺术感的桥，其造型像一只高跟鞋，灵感来源于阿根廷跳探戈的女人的高跟鞋，也被称为女人桥。玫瑰宫右后方是一个博物馆，展示阿根廷从发现至今几百年间动荡的历史。

广场的西北角，与广场隔着一条马路，是一座规模宏大的白色建筑，典型的古罗马风格，12 根高大的罗马柱上顶着人字形的三角屋脊，上面雕刻着圣经故事，那是布宜诺斯艾利斯大教堂。教堂建成于 1723 年，迄今有近三百年的历史，是阿根廷最大的教堂。教堂里安放着英雄圣马丁将军的陵墓，他是阿根廷的民族英雄，南美的解放者，曾率领阿根廷取得独立和解放。在阿根廷，圣马丁将军是最受敬仰的人物。

广场的西面是南美最宏伟的国会大厦，巨大的绿色穹顶镶嵌在白色大理石建筑上，恢宏壮观。国会大厦建成于1906年，是一座罗马式建筑，据说是以华盛顿的国会大厦为原型建造而成。大厦前有一座高大的雕塑，雕塑的顶端是女王的塑像，其左手紧紧缚住一个弄蛇者，那是罪恶的象征，而她的随从则制服了恶蛇，象征着正义战胜邪恶。

与街边小贩合影

从五月广场一直走，可以走到古城区圣特尔莫街中心多雷戈广场，每个周日，这里都会举行大型露天古董旧物市场。再往前走，便是博卡区最有代表性的“小路”。

圣特尔莫古董街

圣特尔莫街又称古董街，建于1586年，至今有400多年的历史，是布宜诺斯艾利斯最古老的一个街区，也是布宜诺斯艾利斯的发源地。当年，西班牙殖民者从附近的港口登陆，开始了这片土地的殖民时代，而原著民印第安人却逐渐失去赖以生存的家园。早期西班牙移民的居所多建造在这里，所以建筑带有明显的西班牙风格。他们用船上带来的建筑材料建造房屋，用剩余的油漆将房屋外表涂上各种颜色，因为油漆颜色各不相同，所以出现一座建筑可能涂成多种颜色的现象。

现在的圣特尔莫区依然完好保存了当年西班牙移民的建筑，外墙用

古董街

模板或铁皮装饰，类似百叶窗或小木屋，商店的大玻璃窗是铁窗棂，阳台也多使用铁栏杆，最突出的就是从西班牙殖民时代保存下来的彩色外墙，这就是为什么圣特尔莫区的建筑多是彩色的缘故。除了西班牙殖民风格，圣特尔莫街区还完好保留了各个时期的建筑风格，用石块铺成的马路、原始的街道、拥挤的城区以及古老的教堂、广场、雕塑、民居，是一部活生生的殖民建筑风情史。布宜诺斯艾利斯是移民城市，多元文化共生是这个城市的特色。

如今，除了古老多彩的建筑风格，圣特尔莫街区还以古董闻名，它本身就是一个大型古董市场，也是一处鲜活生动的历史博物馆。这里常年聚集着古董集市，引得全世界的淘宝爱好者都来这里淘宝。

周日是圣特尔莫的狂欢节。每到这一天，圣特尔莫就摇身一变成为规模宏大的古董市场。跳蚤市场开市时，这里不仅是购物的天堂，狂欢的地方，同时还是外地人了解布宜诺斯艾利斯历史风情的重要机会。本地人全民赶集，外地游客纷纷加入，街头艺术家粉墨登场，从贝尔格拉诺（Belgrano）大道开始，一直延续到多雷戈（Dorrego）广场，包括南北 10 多个街区在内的大型市集，商品从珠宝首饰、艺术品、古董收藏、工艺品到阿根廷特色服饰、手工皮具、民族服饰、马黛茶具、探戈玩具等等，包罗万象，质量上乘。不仅能够观赏琳琅满目的商品，淘到心仪的物品，逛累了，还能找个古色古香的餐馆、咖啡店或烧烤摊来一杯咖啡或啤酒，看街头探戈表演，音乐演奏，不亦乐乎。

据说由王家卫导演，张国荣、梁朝伟主演的经典文艺片《春光乍泄》中，梁朝伟饰演的黎耀辉打工的酒吧“Bar Sur”就在这里，那是何宝荣与黎耀辉认识的地方，何宝荣曾在地摊上买过一盏旧台灯，那盏台灯成为他们重要的感情线索，布宜诺斯艾利斯成为他们自我放逐之地，也成为众多来到这里的人的自我放逐之地。

卡迷你多艺术跳蚤市场

卡迷你多艺术跳蚤市场因探戈歌曲《El Caminito》而得名，位于博卡区的卡米尼托（Caminito）街，紧临博卡青年足球场，周四至周日及节假日都会开放。比起每周一次的古董街跳蚤市场，这里的跳蚤市场更容易赶上。很多人将卡迷你多称为小街，其实最初这里是一条河，后来河水干涸了，人们就在上面筑起铁轨，当铁轨被移走，这里就成了垃圾填埋地。尽管如此，卡迷你多仍旧是布宜诺斯艾利斯色彩最明媚的街区之一，房屋外表涂满颜色，赤橙黄绿青蓝紫，俨然一条彩虹街道，富有艺术感。街道上还有许多的博物馆可以参观。

阿根廷博卡区

著名画家金克拉•马丁就出生于博卡区，马丁有个亲戚，名叫胡安•德•迪奥斯•菲力韦托也在这里出生，他作了一首探戈名作《El Caminito》，成为经典之作。许多马丁画风的仰慕者和模仿者慕名而来，在此创作并售卖，久而久之便形成了画家、艺术家聚集的艺术街道。每到周四、周日及节假日，这里总会聚集众多的画家，还有其他艺术家以及他们的作品，如高桥人制作的纯手工木雕及皮革小工艺品，阿根廷的银器餐具，还有少见的托巴人和马塔克人制作的羊毛制品，而探戈爱好者则在路边跳起热情的探戈。

佛罗里达步行街——"南美洲的百老汇"

从五月广场往北走向圣马丁广场的路上会经过佛罗里达街，它是布宜诺斯艾利斯最繁华的步行街，从五月广场开始，横跨 10 个街区，一直到圣马丁广场。

佛罗里达街还有个很好听的别名，叫“南美洲的百老汇”。佛罗里达街既历史悠久，又时尚现代。街上保存着许多历史遗迹，1813 年，阿根廷国歌在这里第一次唱起，这一值得纪念的时刻被刻在首唱地——街上 271 号的门前的铜牌上。1971 年改为步行街后，这条街就成为“不眠街”。总长度只有一公里的短街，却集中了餐馆、书店、咖啡店、服装店、首饰店、唱片店、玩具店、家具店、工艺品店等近千家商铺。佛罗里达街还是现代的代名词，这里聚集了许多大型金融机构和大型银行，是布宜诺斯艾利斯最繁华的商业街，也是布市的中心地带。街上随处可见中国人，许多中国人来布市都必来这里。

布市街头黄花满地

我们下午到佛罗里达街，一直逛到黄昏华灯初上，突然发现一个奇特的景象，白天还是热闹繁华的商业步行街，到这个时候突然成了谈论国事的场所。许多民众聚居到这里，或畅谈，或闲聊，或争论，或辩论，所谈主题不是家长里短，而是时事政事，从国家到世界的消息都是谈论的话题，有慷慨激昂的，有针砭时弊的，俨然一个自发形成的街头论坛，颇有指点江山，激扬文字的感觉。原来这里除了历史、商业、金融，也存放了布宜诺斯艾利斯人忧国忧民之心。

佛罗里达街的尽头便是圣马丁广场，为纪念“南美洲解放者”何塞·德·圣马丁将军而建造，是布宜诺斯艾利斯最古老，也是风景最美的广场之一。广场上矗立着何塞·德·圣马丁将军跨马扬鞭的铜像，是1862年法国艺术家路易斯·约瑟夫·道玛斯创作的。何塞·德·圣马丁是阿根廷的民族英雄，“祖国之父”“南方的华盛顿”“自由的奠基人”，与北方的华盛顿遥相呼应。除了阿根廷，秘鲁和智利也有许多纪念圣马丁将军的雕塑和广场。

佛罗伦萨：欧洲文艺复兴的遗迹

第十七章 意大利

浪漫的中世纪小城

佛罗伦萨，意大利中部盆地的一个古老的小城，却闪着璀璨的文艺之光：欧洲文艺复兴运动的发祥地，欧洲文化的发源地，世界艺术之都，古罗马的文化名城……它曾聚集了达·芬奇、但丁、伽利略、拉斐尔、米开朗琪罗、多那太罗、乔托、莫迪利亚尼、提香、薄伽丘、彼特拉克、瓦萨里、马基雅弗利等名人，诞生了著名的文艺复兴运动，创造了大量的、闪耀着文艺复兴时代光芒的建筑、雕塑和绘画作品。辉煌的历史为佛罗伦萨留下了无尽的珍贵遗产。如今，佛罗伦萨仍保留着古罗马时期的城市格局，遍布整个城市的中世纪建筑艺术，拥有乌菲齐和皮提美术馆等40多个博物馆和美术馆，世界美术最高学府佛罗伦萨美术学院，意大利三大艺术展的佛罗伦萨国际当代艺术双年展等等，文化遗迹灿若星河。走进佛罗伦萨，依然能够感受到中世纪文艺复兴时候的气息，许多街道、建筑、风光至今未改。

而在徐志摩笔下，这里是诗意浪漫的翡冷翠：

橄榄林里吹来的，
带着石榴花香，
就带了我的灵魂走，
还有那萤火，
多情的殷勤的萤火，
有它们照路，
我到了那三环洞的桥上再停步……

我曾有机会两次在这个文艺复兴之城逗留，看著名的古罗马时期、

皮蒂宫收藏的拉斐尔作品《椅中圣母》

皮蒂宫收藏的拉斐尔作品《披纱巾的少女》

文艺复兴时期的建筑遗址，百花圣母大教堂、佛罗伦萨美术学院、皮蒂宫、维琪奥王宫、维琪奥桥、国立巴吉洛美术馆、乌菲兹美术馆、圣乔凡尼礼拜堂、米开朗琪罗广场等等，接受欧洲文艺复兴时期文化艺术的洗礼后，逛各种古董市集便成此行最大的乐趣。

从15世纪起，佛罗伦萨的美术工艺品和纺织品，包括玻璃器皿、陶瓷、高级服装、皮革、金银、艺术复制品等扬名全欧洲，它们如今依旧活跃在各大古董市集上。

佛罗伦萨有许多古董市集，近郊一个名叫菲耶索莱（Fiesole）的山上，每个月第一个周末都有古董市集开市，因为在山上，所以既可以逛市集，也可以俯瞰古城全景。第二个周末就在离皮蒂宫和老桥不远的一个叫作圣神广场（piazza santo spirito）的地方，也有古董市集，以卖服装、首饰居多。第三个周末的古董市集就在佛罗伦萨展览中心外的小公园里，靠近市中心的“SMN”火车站，比起前面两个古董市集，这个市集更为大型，物品更加丰富，有许多家居用品和艺术家具的摊位，许多青年艺术家自己设计的艺术作品也会放在这里展示出售。第四个周日，在百花大教堂和圣十字教堂附近也有古董市集。

老桥是佛罗伦萨一条著名的旧桥，横跨在阿尔诺河上。老桥始建于1000多年前，1345年重建，我们现在看到的就是重建的老桥。老桥上有许多百年老金店，一家挨着一家，有些400多年前就已经在这里了。十多年前我第一次来佛罗伦萨时，在这里买过一个挂坠，经常戴在身上，我一直记着那家店，也记得那个牌子。十多年后，我再来到老桥，依旧是上次来时的那个样子，似乎一点都没有改变，那些老金店依旧是记忆中的模样，应该说几百年来都很少改变。我找到那家老金店，在同样的位置，找到了与十几年前买的那个一样的挂坠。

老桥之夜

废铁艺术家尼克

一天，我逛完古董市场，漫步经过一个村子时，遇见了尼克，佛罗伦萨郊区一个村子里的私人废品回收站创始人，他是我在意大利遇到的一个大惊喜。但在我看来，他不仅是回收废品者，也是一位杰出的艺术家。

那天，我在村道上行走时，看到他正在门口卸货，车厢里是他从各地收回来的废品，其中大部分都是废铁，他正在把这些废品搬进院子里。与其说那是一个院子，不如说那是一个垃圾堆。三四十平方米的地面上堆满了各式各样的垃圾，当然，大部分还是废铁。

我很好奇，忍不住开口问他。凭着手机翻译软件，加上辅助手势，得知他是这个“垃圾站”的负责人，车上的货是他刚刚从周边收回来的破铜烂铁，现在他要把这些货卸下来，搬到院子里，再进行挑拣分类。对于一个同样喜欢到处淘“垃圾”的人来说，尼克所做的事无疑是我非常感兴趣的。为了跟他熟络起来，以便能更进一步了解他的工作，我立马挽起袖子跟他一起，把车上的货品全部搬到院子里。

尼克再三谢谢我，因为我的帮忙，他省了时间，同时也少耗不少力气。但他也为劳烦我而感到歉意，当我提出能不能到他院子里看看的时候，他欣然应允，但有些不好意思，因为他觉得这是一个垃圾堆，为没有更好的地方可以招待我而感到抱歉。我直截了当跟他说，我喜欢他那些废品，他从满脸歉意变成满脸惊喜，刚刚的不好意思荡然无存。

院子被垃圾堆满，尼克手脚并用，在垃圾堆里勉强腾出一条容得下一人通过的小道。穿过院子便是两间紧挨着的简陋房子，我们走向其中一间，那就是他们住的地方。房子门口放了许多像是艺术品的作品或半成品，那是他们用收集来的废铁做成的，有创意和设计感。旁边那间房子则是他们的工作室，平时他们就在那里做一些产品的设计、修理等工作。

尼克把我请进他们住的地方，泡了咖啡给我喝。二三十平方米的房子里有两个房间，一间他住，另外一间是他的合伙人的房间。屋里的角落同样摆放着一些铁艺作品、旧家具，墙上还挂着许多轻型、小型的物品，大部分都是他们自己动手做的，也有从外国带回来的。因为热爱，就自己保留着。房间里的铁架床是他们收集废铁自己改造组装而成，阳光穿过透明窗帘直射在铁床架上，古铜色的铁架充满岁月的香味。空间虽然比较逼仄，但充满了艺术气息。从房间的摆设和散落的铁艺作品就可以知道，尼克有很高的艺术品位，绝不是一般的拾荒者那么简单。再看看尼克的造型，黑色呢绒帽，紫灰色的外套已经磨得泛白，有一种复古的质感，灰色的裤子朴素简单，一双马丁靴，乍一看还是很符合他的气质。不知是称他为拾荒者，还是废品站老板，抑或是艺术家好。

废铁墙

手里的咖啡飘着香，我一边喝着咖啡，一边或有或无地，漫不经心地问他各种我感兴趣的物品和问题，突然冒出一个想法，我也希望能够跟着他找到一些我心仪的"垃圾"。有了这个念头之后，我对他们的工作更感兴趣了。经过聊天得知，尼克的合作伙伴名叫迈克，因这几天旁边有古董市集开业，他带着一些做好的作品去摆摊售卖去了，还没有回来，所以没能见到他。

到古董市集摆摊？是旁边那个古董市集吗，我刚刚就是从那边过来的。他回答说是。原来我们刚才可能就在市集上见过面了呢。尼克说，

古董街酒吧

他们是铁艺匠人，两人从小就认识了，对于铁艺有共同的爱好，所以就找了这个地方，一起做这些事，收破铜烂铁是为了寻找各种设计用的材料，并不是职业收破烂。但这些年下来，他们已经把院子成功变成一个垃圾回收站了，虽然他们也会把一些用不上的破铜烂铁拉去卖了，但是不久后收回来的破烂又会堆满整个院子。周围的人经常把他们当成收破烂的，有时候还会把一些破烂送来给他们，让他们哭笑不得，刚开始他们还会跟人解释他们的工作，但后来他们发现这样反复解释太费劲，干脆就收下了，这样一来就真成收破烂的了。

继承父亲遗志收“破烂”

尼克从小爱好铁艺是受他父亲影响。他的父亲是一名铁艺艺术家，经常到各地收集各种生活、工业废铁，也经常会带上他一起去。从小尼

在佛罗伦萨街头

克就看着一堆破铜烂铁，经过父亲的重新组合后，变成一件件出色的艺术品，受到许多人的热捧，也获过一些大奖，有些作品还被当地的博物馆收藏了。父亲工作的时候，他也在旁边学着父亲的样子捣鼓那些破玩意。尼克十岁那年，母亲去世了，他就跟在父亲身边，一边学习，一边当父亲的帮手。很快，他就能自己设计出一些作品。他设计东西有自己的想法，也常出新意，虽然不是专业的设计师出身，但他设计出来的东西连那些行家和艺术杂志编辑都称赞不已，慢慢地他就成了一个独立的“废铁艺术家”。

尼克可以说是继承了父亲的遗志，深深热爱铁艺作品。他跟父亲一样，经常到各地收集破铜烂铁，再根据自己的想法进行加工改造，融进自己的思想，制作成一件件艺术品，然后推着拉到市集上去卖。最初他们卖的是纯艺术品，他的这些铁艺作品价格都不低，所以买的人并不多。后来，他不仅卖艺术品，还会把一些收集来的废五金用品，如螺丝钉、从废弃的门上拆下来的铜把手、水龙头、小铜铃等拿到市集上卖，因为不用重新设计加工，成本很低，卖出的价格也很低，很多顾客对大件高价商品都会有犹疑，但对这些一两块钱的小物品却会毫不犹豫掏钱买下。但顾客到他的摊位后，往往不会单买一两块钱的东西，因为他卖的小物品种类多，价格便宜，所以顾客挑到最后往往会买下几十块钱的东西。很多人买完小物件后会顺便看看他设计的产品，当看的人多了，自然就会有人买下。

随着买的人越来越多，尼克的摊位也越摆越大，所需要收集的破铜烂铁就越多，他花在收集原材料上的时间也就越多。他最初那间卧室兼工作室的房子已经放不下他的东西，通过朋友介绍，他租下了现在这个房子，既有宽敞的院子可以堆放破铜烂铁，又有卧室和工作室，后来他的好朋友迈克也来加入他的工作。

尼克提出带我到工作室瞧一瞧。推开门，满屋满室的铁架子、器械、木头，连墙上和天花板上都挂满了，最大限度利用所有的空间。有些设计好的作品，他还自己用上了，像商店橱窗展示的一样。一些架子上摆放着许多还没有完成的半成品，他说，有时候设计过程中遇到问题，或制作过程与最初设想不一样的，他就先把它们放着，等到灵感来了，或找到继续下去的想法，再来完成。有时候还可以在周边一些市集或者展会上看到尼克的作品，那是他借给商店或展会用的，同时也宣传了自己的作品。

这些年，尼克的一些作品已经漂洋过海去到亚洲、非洲、美洲等一些国家的人家或商店中。能被收藏家收藏，让其他国家的人家中用到他制作的产品，商店用他制作的东西来展示物品，这让他感到非常自豪。

我问他对自己的定位是什么，是一个拾荒者，一个艺术家，还是一个商人？尼克想半天都没有反应过来，显然他还没有认真思考过这个问题。他挠了挠头，很腼腆地笑了一下，思考了一下才说，我觉得应该是一个铁匠吧，专门把那些破玩意组合成我脑海中的样子。他脑中经常有很多想法，有时候，他迫不及待地想把这些想法记录下来，制作出来，但是制作的速度远远跟不上他脑中想的，所以经常一个东西改了又改，耗费很长时间，这让他很是苦恼。

因为从事这一行已经有十几年时间，尼克跟周边的工厂、拾荒者、收废品的人、废品回收站等那些他经常打交道的人非常熟悉，他们也会不断推荐亲戚朋友把东西卖给他，能把自己闲置的东西卖或者送给真正喜欢的人，对于主人来说，比卖给废品站更加乐意。往来频繁，他们也非常了解他所需要的东西，所以如果工厂有废旧的金属用品，且他们认为会是他想要的，就会通知他去拉，或者先帮他保管起来，等下次去再拉。

我看中了尼克自己设计的工业台灯和复古鹿角衣架，加起来是 100 欧元，虽然价格不便宜，但出于对一名工匠的支持，对废旧金属有着狂热的爱的年轻人的赞赏，希望他能坚持下去，我提出跟他购买，但他说难得找到一个爱它们的人，就应该送给有缘的人，我坚持要买，最后他只同意收下 50 欧元作为心意。

复古鹿角衣架

至今，那两件物品还在我家里的办公桌和墙壁上。

迪拜：与奢华并存的跳蚤市场

第十八章 阿联酋

迪拜，奢华的代名词

迪拜街景

世界唯一一个七星级帆船酒店，满街的名跑车如豪车展，是许多人对迪拜的第一印象，而前不久一则迪拜乞丐月入 47 万的新闻又让这个奢华之地甚嚣尘上。

这个阿联酋的“贸易之都”，中东地区的经济和金融中心，拥有被称为世界第八大奇迹的迪拜地球群岛，全球最大的购物中心，世界最高建筑——高达 828 米的迪拜塔，世界最高酒店迪拜万豪伯爵酒店，世界最贵的酒店酋长国宫殿酒店，世界最大的室内滑雪场……

迪拜，是奢华的代名词。

在迪拜，可以很清晰地体验到什么叫“一半是海水，一半是火焰”，从天空上看，迪拜一半是海水，一半是沙漠；从迪拜河往两岸看，一边是现代的迪拜，一边是古老的迪拜。所以迪拜不仅有奢华，也有古典，有现代，也有过去。

迪拜河是迪拜的脉搏，也是迪拜人繁衍生息的起源。它向迪拜腹地绵延十公里，将迪拜城分为新城柏迪拜（Bur Dubai）和旧城贝拉（Deira），也分开了迪拜的过去与现在。河的一边柏迪拜，是现代的迪拜，一幢幢

迪拜室内滑雪场

不一样的迪拜风情

拔地而起的高楼，装饰着闪光的玻璃幕墙，电讯大楼上有宽敞的高尔夫球场，迪拜国家银行大厦的大门涂满金色，风格独特，也颇有寓意。另外一边是迪拜的老城区，那是旧时的迪拜，1960年石油被发现之前，迪拜只是一个小渔村，几乎是一片黄沙，外加几间破房子，生活在这里的迪拜人靠挖珍珠和水上贸易为生。所以，文化古迹博物馆、圆顶清真寺、尖塔等旧时迪拜的代表性建筑都在这个岸边。搭乘水上计程车，像当地人一样穿梭在迪拜河上，是感受迪拜文化的最好方式。

土豪式的迪拜，看久了总会审美疲劳，所以在奢华之下的随性、文艺、古典，更显风味和个性。

奢华外表下的文艺之心

以奢华著称的迪拜，还隐藏着一颗不为人知的文艺心。而巴斯塔基亚安放得下每一颗来迪拜的文艺之心。

巴斯塔基亚（Bastakiya）是迪拜的文艺之地，更难得的是，迪拜游

巴斯塔基亚

客众多，而这里却出奇的宁静，少有游客踏足。如果将它比作人，那么一定是属于“怀才不遇”型。这里原是迪拜老城的一处仿古建筑群，过去曾是在迪拜的伊朗人居住的地方，被遗弃后，迪拜政府将它保护起来，并还原了当时的建筑和风貌，使得巴斯塔基亚能够很好地保留下来。

走在巴斯塔基亚，就像走在北京的四合院和狭长的胡同中，静谧幽长，文化气息浓郁，我庆幸发现这么一个好地方，没有被人群喧嚣所破坏，可以闲庭散步，可以喝茶静思，可以风花雪月，感受阿拉伯式的文艺气息，来消磨那些在迪拜的时光。

巴斯塔基亚的咖啡馆是我喜欢去的一个地方。那里咖啡文化深厚，还专门设立了一个咖啡博物馆。很多人都不知，咖啡最早起源于阿拉伯，博物馆清晰地展示了阿拉伯国家咖啡的历史、演化、文化、品种等，把咖啡历史文化都给游客科普一遍。

茶有茶道，咖啡也有咖啡道。咖啡博物馆一楼有咖啡道演示，欣赏

在迪拜帆船酒店前的海滩上

完后，上二楼点上一杯咖啡，慢慢品味其内涵与传统味道。

巴斯塔基亚的酒店也很有特色，不同于迪拜遍地奢华高档的现代式酒店，这里的酒店雅致古朴，有艺术感。比如里面一家名为“XVA Art Hotel”的酒店，就是把酒店和艺术画廊结合起来的一家艺术酒店，它既是酒店，也是画廊，充满浓郁的艺术气息和先锋精神，是本地设计师设计的作品。既住酒店，又如置身画廊中观看画展，即使不住店，只是进来参观，也有免费的咖啡提供。一边欣赏画作，一边喝着传统咖啡，连时光也变得文艺起来。这家酒店虽然有名，却不是这里最有阿拉伯特色的。巴斯塔基亚最古典的酒店是迪拜东方宾馆（Orient Guest House），它以阿拉伯传统的建筑风格为主题，配以阿拉伯日常装饰，仿如置身阿拉伯传统家中，连钥匙都充满了岁月的韵味，似乎能够看到时光从上面走过的痕迹，虽然现在迪拜东方宾馆已经远不如“XVA Art Hotel”名气大，但它的特色一点也不逊色。

逛得差不多，就到“Arabian Tea House”找东西吃，这是一家兼咖啡吧和餐厅为一体的咖啡餐厅。蓝色系的建筑，在放眼望去都是阿拉伯式浅黄色的世界中，显得惹眼又清新，有点像摩洛哥的蓝色小镇，也有点像爱琴海边的蓝色建筑。如果想再猎奇，“Local House”餐厅是一个不错的地方。餐厅门口绿树成荫，一个全身纯黑色装扮和一个全身白色装扮的人站在树下聊天，像两个钢琴琴键，他们旁边，竖着一只骆驼，配上一幅汉堡图片——这里以骆驼肉汉堡出名。餐厅内挂满花束，虽然总体上人气没有“Arabian Tea House”高，但许多人来到这里就为了骆驼肉汉堡而来，但味道嘛，就只能说仁者见仁智者见智了，我是吃不太习惯。

平日里，巴斯塔基亚像是一个被人遗忘的角落，但到了每年的3月、4月份，这里都会举办“SIKKA艺术节”，这是著名的迪拜艺术节中的一个重要部分，阿拉伯地区众多先锋艺术家来这里开展交流，展会过后，这里便会留下许多艺术品。虽然不是艺术节期间，但走在街头巷尾的许多角落，都能看到艺术节遗留下来的作品，其中不乏一些佳作。

你当是草，别人当是宝

迪拜不仅是财富的聚集地，还是一个理想的寻宝之地，单是那数量繁多、花样迭出的集市，就让人两眼放光。

在迪拜有一句俗语："你当是草，别人当是宝"，与中国那句"垃圾是放错位置的资源"有异曲同工之处。迪拜人对跳蚤市场的认可和他们的消费观可见一斑，即如果你有不需要用到或者不喜欢的东西，就把他们放在跳蚤市场上卖，会有人将你当成草的东西当成宝。你想清掉的

迪拜街景

迪拜街景

物品，也许在喜欢的人看来就是难得的珍品。

迪拜的跳蚤市场、旧货市集虽然形成时间不长，但规模却越来越大，发展也越来越兴盛。它是从西方的"后备厢市集"演化而来。最初，卖家把二手商品放在汽车后备厢内，拉到固定的地方，打开后备厢就可以直接摆摊卖东西了。因为是西方的跳蚤市场模式，最初参与的很多都是欧美人。随着跳蚤市场的理念和环保意识的增强，跳蚤市场广为人知，越来越兴盛，也越来越专业化。不仅在迪拜发展迅速，甚至还逐渐向阿布扎比、阿联酋其他地方延伸。

迪拜跳蚤市场一般都在莎弗公园（Safa Park）举行，如今的迪拜跳蚤市场已经由公司进行专业化运营管理，举办前都会专门进行宣传，具体信息一目了然，只要上网一查就知道，提前做好准备就不用担心错过跳蚤市场举行的时间。

迪拜跳蚤市场通常在周五晚上7点开始，一直到11点左右收摊。5点多我们到达跳蚤市场的时候，商家已经摆好摊位，人流很多，售票处也排上队伍了，如果晚点来，恐怕就得挤着进去了。那些来淘宝的人，从外表上看，世界各地的都有，但大部分是菲律宾人和印巴人，他们很多都是拖家带口来淘便宜货。因为是11月份，天气比较凉爽了，跳蚤市场就在户外举行。一般从10月份开始到来年5月份，是跳蚤市场的户外季，即在户外举办；6月份至9月份是炎热的夏季，跳蚤市场会转到有空调的室内举办。户外只需花3DHS（迪拉姆，阿联酋的货币DIRHAM的简写，1迪拉姆=1.765元人民币）的公园门票费就可以进场，如果是卖家的话，就需要付250~300DHS的摊位费，且需要通过网络注册和信用卡支付。每个摊位统一摆放一张长桌和两把椅子，主办方规定，跳蚤市场只能出售二手商品和闲置物品，不能出售商业性质强的商品，可见市场管理已经很规范专业。

因为对出售商品类型做了规定，所以市场上卖的基本都是服装、书籍、日用品、首饰、陶瓷用品、餐具等二手商品或闲置物品，价格非常便宜，一件T恤往往只需要2迪拉姆就可以买到。逛习惯了琳琅满目的日韩欧美跳蚤市场，就觉得这里的市场相对简单，但简单中还是能够发现不错的旧货。

很多人来这里摆摊都不是为了赚钱，而是为了清理旧货和娱乐，所以很多东西价格会低到你难以想象，一块钱的衣服，十几块钱的书架，二三十块钱的手工地毯，成交基本都是半卖半送，连我这个久经卖场，经常与摊主斗智斗勇斗心理的人，都不好意思再砍价。

细心观察还能发现，不同国家的摊主，不仅东西各有特点，连买卖的方式也各有特色，比如，在市场上看到那些手提行李箱购买的，基本都是菲律宾人和印巴人，他们是这个跳蚤市场的购买主力军；如果你听到"One Dirham，One Dirham"的叫卖声，基本可以判定那是印度人，他们最热衷于吆喝；如果是一个摊位前面挤满了人，卖的是高质量的家具，很大可能是欧洲人；还有一些东方面孔，来这里清理尾货，很大可能就是中国精明的商人；还有许多职业买卖人，提着大包小包以极便宜的价格买下一大堆东西，转手就拿到其他地方售卖。快到结束时间，很多卖不完的旧货，摊主都会进行抛售，你可以以非常便宜的价格买到一大堆商品，但那时基本没有好东西了，已经被挑完了。

每周六早上，在阿里山港口（Jebel Ali）市区的"The Galleries"，都有跳蚤市场开市。这个跳蚤市场2008年才开始创建，创办者是一个名叫梅勒妮·贝斯的女士，她曾在德国生活，那里的跳蚤市场发达，她是游迹在跳蚤市场之间的淘货达人。后来，她离开德国来到迪拜，发现这里没有跳蚤市场，厌倦在千篇一律的商店中买东西的梅勒妮·贝斯决定尝试自己创办一个跳蚤市场，终于在2008年4月举办了第一次跳蚤市场，且获得很大的成功。从此之后，跳蚤市场就在这里一直延续下来。

摆地摊的四川夫妇

迪拜还有一个由华人举办的跳蚤市场，在"JLT公园"一个草坪上举行，买卖的人大多是中国人，把东西直接铺开摆在草坪上就可以做生意了，连桌子都没有。因为都是中国人的缘故，市场氛围非常热闹，随便一个摊主都能扯上半天，因为有太多的话可以扯，从国内到国外，从生活的经历，从跳蚤市场的概况，从出售旧物的来由……

华人跳蚤市场前两年才开始由在迪拜的华人设立，最初只有三十多个华人摆摊卖东西，因为提供的东西有趣又实用，逐渐吸引不少华人和外国人前来。由于反响良好，越来越多的华人以及外国人也加入华人跳蚤市场，甚至还有整个家庭一起来摆摊的。

为了规范管理，华人跳蚤市场对卖家所售商品也做出了分类：涉及婴幼儿及儿童相关的所有新品、闲置物品、二手书籍和二手音像制品；其他家中闲置物品、二手书籍、音像物品；手工艺品和艺术品；公益组织和公益活动摊位。摊位上，有出售中文绘本的母亲，有植物达人出售自己种植的植物盆景，有手工艺人出售自己制作的手工艺品，有孩子摆摊打折卖自己看过的书，有摊位展出中国字画作品，还有老师带着学生摆摊进行体验式教育，那氛围就如在国内一般。

原以为在这种地方只是卖一些闲置物品，没有多留心。坐在草坪上看来来往往的人，突然看到一个角落里，一对老夫妻的摊前摆着几个色彩艳丽的中式花瓶，赶紧起身过去看看。

那些花瓶都是不同形状，有方形，有圆形，有棱形，形状不一，色彩也不一样。我挺好奇为什么两位老人家会在这里卖花瓶，于是便跟他们聊起来。

红釉花卉八棱尊

夫妇俩是四川人，女儿在迪拜工作，前几年两人也来到迪拜跟女儿一起生活。每次回家的时候，就会从家里带一些物品过来，包括这些以前放在家中的花瓶。他们想着，将家里的东西带到迪拜，就会有更多老家中的气息。女儿平时上班忙，夫妇俩经常无事可做，后来有朋友带他们来到这里，因为这里中国人多而且热闹，可以聊聊天，排遣孤寂陌生的生活。来了几次之后，夫妇俩觉得这种生活挺新鲜，在一起的都是中国人，可以为枯燥的生活带来很多乐趣。于是两个老人也寻思着找点什么出来卖一卖，可以找到另一种生活方式，也可以更好地融入这个圈子，于是他们就把从老家带来的花瓶拿出来摆，今天是他们第一次来摆摊。

窑变釉荸荠瓶

听完他们的介绍，心里一阵酸楚，这是为了孩子远离家乡，去到遥远的城市乃至遥远的国家的中国式父母的真实写照。老人家既割舍不下女儿，又割舍不下老家，所以只能用这种方式，来尽量达到一种平衡。

我问老人家这样一个花瓶卖多少钱，老人家有点不好意思说，我说没关系，多少钱可以直接说。最后老人给出了一个极低的价格，一边解释，我们也不是为了赚多少钱，就是觉得这样日子可以丰富一些，我们也能找点事做。最后按照老人给出的价格，我买下了其中一个窑变釉荸荠瓶和一个红釉花卉八棱尊，带回国后，一直放在家里的橱窗里。有时候看着它，想到老夫妇俩，也会想到自己远在海外的女儿。

苏瓦：感受岛国的多元文化

第十九章 斐济

还记得电影《荒岛余生》吗？汤姆·汉克斯饰演的查克是联邦快递的系统工程师，是个工作狂，他潜心工作，生活忙碌且自律，对于时间充满紧迫感，连女朋友凯利也无暇顾及，导致两人的感情出现危机。在一次出差过程中，杰克乘坐的飞机遭遇空难，所有人都以为杰克已经在空难中丧生，不想杰克却幸运地活了下来，被困在一个荒无人烟的荒岛上。杰克成了“鲁滨孙”，失去了现代生活中所需的一切条件，在荒岛上，他面临的所有问题就是求生。他与自然相依存，与险境斗争，与孤独为伴，在荒岛挣扎求生的 4 年里，女友成了他最大的精神支柱。没有工作了，只以生存为目的，他开始反思自己的人生，终于对生命、生活、感情、工作都有了新的体悟。

而这座困住杰克 4 年的荒岛，是斐济的玛玛奴卡群岛中一座名叫“Mordriki”岛的微型小岛。不仅“Mordriki”岛，斐济星罗棋布的岛屿中，许多至今仍是荒无人烟。

太平洋的十字路口

若把南太平洋比作一个交通系统的话，那么斐济就是这个系统的中心枢纽。

斐济，这个位于茫茫南太平洋上的岛国，是一个神奇的国家。其陆地面积只有 1.8 万平方千米，相当于 2.5 个广州，却是由 332 个岛屿组成。虽然只是弹丸之国，却横跨了东西半球，180 度经线从中穿过，斐济因而成为世界上最东，同时又是最西的国家，阳光与月光同时在这里升起又落下。

180 度经线也称国际日期变更线或逆子午线，将地球分为东西半球。

它穿过的地方，既是世界上最早的地方，也是最晚的地方。但国际日期变更线并不是完全自然意义上的180度经线，而是为了防止一个国家出现两个日期的情况，人为选择穿越国家陆地最少的一条经线。这条国际日期变更线只穿越了两处陆地，一处是位于俄罗斯靠近白令海峡杳无人烟的远东地区，另外一处就是斐济的塔韦乌尼岛。很少人能够去到俄罗斯靠近白令海峡的远东地区，故而斐济也就成了世界上相对唯一能够看到的国际日期变更线穿越的地方。

斐济是由群岛组成的国家，众多的群岛又分主岛和离岛，也就是省会城市和其他普通城市的区别。主岛只有一个，就是维提岛（Viti Levu），它是斐济最大的岛，面积占了斐济国土面积的绝大部分，斐济首都苏瓦也在维提岛上，其他的三百多个岛屿都是离岛。

鸟瞰苏瓦

早在几千年前，斐济就开始有人居住。最早迁徙到斐济的是美拉尼西亚人，后来波利尼西亚人也来到这里，与世隔绝几千年，直到1643年，来自荷兰的航海家阿贝尔•塔斯曼来到斐济，成为最早发现斐济的欧洲人。从此，这个岛屿国家便进入西方国家的视野，也拉开了斐济殖民地和反殖民历史的序幕。1871年，当地的一个酋长曾经统治了斐济的大部分地区，结束了部落冲突，一度为斐济带来了和平的局面。但好景不长，这一和平局面仅仅维持了3年，1874年，斐济成为英国的殖民地，此后的100多年间，斐济都是英国的领地。1879年到1916年的30多年时间里，大批印度人作为英国“殖民制糖公司”的契约劳工来到斐济种植甘蔗。1916年，契约劳工制度终结，但很多印度劳工并没有选择回到印度，而是作为佃农或自由土地开发者的身份留在斐济，在这里扎根繁衍，并逐渐发展成斐济两大民族之一的印度族，占了现在斐济人口的近一半。1970年，斐济成为英联邦的一个独立国家。1997年恢复英联邦成员资格。1998年实施新宪法，改国名为“斐济群岛共和国”。

以部落为单位组成的国家历史、殖民历史以及作为南太平洋的十字路口的特殊地理位置，造就了斐济本土部落文化、印度文化、欧洲殖民者文化及南海诸岛文化等多元文化在这里并存共生，并保留、体现在斐济的文化、社会、建筑、语言、饮食等各方面。行走在斐济，总能体会到不同的文化。

所谓靠山吃山，靠海吃海。生在太平洋上的岛屿，便以海洋为生。斐济以太平洋风光和旅游胜地闻名，不远万里来到这里当然要欣赏岛屿风光的旖旎，享受扬帆出海的畅快，体验海底潜水的惬意。

苏瓦：多元文化下的都城

斐济首都苏瓦城，位于维提岛的东南沿海，依山傍海。始建于1849年，至今只有100多年的历史，是一座年轻的城市。苏瓦面积只有20平方千米，总人口不到90万，其中有一半是印度后裔，却是大洋洲最繁华、最国际化的城市之一。斐济人口有一半集中在维提岛，其中大多数又集中在苏瓦、楠迪和辛加尔三个地方。

苏瓦街头

苏瓦城市建筑的精华和人口就集中在沿海一条街上，那里建筑鳞次栉比，人群摩肩接踵。几乎有一半的建筑都是殖民时期保留下来的，充满岁月感，风格既古典又明快，虽然不少老建筑已经年久失修，墙面斑驳脱落，但仍然是苏瓦城的魅力所在。街道两边种满椰子树、芒果树、面包树、雨伞树等热带植物，国花扶桑花和木槿花开得灿烂，充满浓厚的热带风情。

到斐济前，我提前预订了一家名叫“Holiday Inn”的酒店，到了之后，发现酒店的地理位置真是绝佳。离酒店一步之遥便是著名的“Travelodge Hotel”，一座纯白色的欧式建筑，那是斐济最负盛名的酒店，也是旧时欧洲王公贵胄来到斐济下榻的地方。建筑造型典雅，装潢富丽，可见其当年的繁华景象。虽然如今已经难掩岁月痕迹，许多外墙已经斑驳，花草杂乱无人修缮，甚至不如周边的酒店，但是其底蕴和地位却是不能被掩盖。如今的“Travelodge Hotel”还常是军政用地。

“Travelodge Hotel”对面便是赫赫有名的瑟斯顿（Thurston）花园，花园中心，矗立着南太平洋声名赫赫的斐济博物馆，虽然其声名显赫，但是比起国内的博物馆，其低矮的建筑，简陋的外表，显然逊色太多。门口是伊丽莎白路，一个充满欧洲殖民色彩的名字，直指斐济被殖民的历史。沿着伊丽莎白路走，大概两三分钟的路程，便是一望无际的湛蓝大海，大榕树种满路两边，茂密旺盛。大概是因为这里靠近总统府的缘故，甚少有建筑。与旁边的欧式建筑不同，总统府是一座西班牙式建筑，四周有护栏围着，哨兵佩枪护卫，面朝大海，绿草如茵，风景如画。

斐济博物馆，看起来并不显眼，但地位却很重要，被称为南太平洋最重要的历史文化中心。简陋外表，门前冷落车马稀，博物馆也只有两层楼两间不大的展厅，这要是在国内，一个县区的博物馆可能就要比它好得多。馆内展品多为斐济土著居民史前生活所用的工具，用于捕鱼的双板船、木舟、草房，木器、石器、草编物、树皮制品等手工艺品，以及动物骨骼做成的符串、工具、武器等。令人惊讶的地方在于，这些工具与斐济食人族紧密相联，它们很多就是食人族食人时使用的工具。在斐济历史上曾发生过一件骇人听闻的食人事件，著名传教士贝克牧师在斐济传教时，被土著人活活吃了，嗜血成性的原始民风显露无遗。为了铭记这一先祖民风和历史事件，贝克牧师的遗物，他使用过的《圣经》，穿过的靴子，用过的梳子等完好保存在馆内。虽然这种野蛮的民风与这些美丽的岛屿极不相称，但斐济人并不掩盖过去的历史，这种态度让人敬佩。

英国人征服斐济的历史，就在展出的来复枪和牛皮封面圣经上——武器和文化，是征服一个民族乃至一个国家最有力的武器。

中国文化也是斐济多元文化的重要组成部分。在当地，有一句话是这样说的：有阳光的岛屿，就有华人的足迹。博物馆内还收藏了清朝时期的长袍马褂，可见早在清朝时期就已经有中国人登上斐济的土地了，但他们因何而去，他们如何影响斐济的文化，我还没有看到更多的文字资料记载。

苏瓦跳蚤市场

斐济是自由港，免税店非常多，钻石、珠宝、香水、银器、水晶制品等世界一流商品皆可在这里找到。虽然是旅游胜地，但斐济的旅游商品市场不像许多景区乱象丛生，而是由政府统一管理，这些店铺摊位拥有政府观光局的免税标记，可以买到手工篮子、珊瑚、贝壳制品、木雕、塔巴桌巾、印度沙丽、龟甲等斐济产品及印度产的金银制品。但无论多便宜，都不如跳蚤市场上的老物品来得有特色，来得丰富。

办完公事之余，我迫不及待寻找当地的跳蚤市场、旧物市场，很想知道，这个太平洋上的岛屿国家，会有哪些传统东西。

一个地方的历史文化、社会民风，会直接反映到各种商品、艺术品、特色产品上。虽说斐济自发现以来历史并不长，但因其文化的多样性，导致其民间文化、艺术、商品等也充满多元文化色彩，能看到不同文化的影子。

在逛旧物市场之前，已经到过博物馆复习了斐济的历史文化，当看到那些颇有岁月痕迹和民族特色的产品后，也更能理解它们背后的历史、文化、风俗等含义。

苏瓦跳蚤市场（Suva Flea Market）位于苏瓦中央车站旁边，是苏瓦

苏瓦跳蚤市场

最大的跳蚤市场。每个月的第三个星期天，是苏瓦跳蚤市场的开放日，从上午 9 点营业到下午 5 点。苏瓦跳蚤市场上的商品五花八门，从当地特色手工艺品、老旧物品、特色古玩到生活用品、食物等等。

花卉虫草镂空挂盘

从文化角度看，苏瓦跳蚤市场很好地体现了苏瓦多元文化的融合——跳蚤市场的摊主，不仅有斐济族，还有印度族，斐济族摊主和印度族摊主毗邻，和睦相处，销售各自的特色产品。他们所售卖的商品各不相同，各有鲜明特色。一般来说，斐济族的摊主主要售卖的是一些贝壳、椰壳制作而成的工艺品、饰品、草编容器以及木雕等斐济当地特色商品。而印度族摊位上出售的多是带有印度特色的金属制品、服装、香料、工艺品等，所以往往只需要看摊位上的商品，就能大致判断出老板的身份。当然，也有例外，在一个摊位中，我发现了一个镂空挂盘，挂盘有花卉、虫草，带着海边清新的味道，一见到便十分喜欢，用 1 美元从小贩手中买下来。但至今也没闹明白，这件艺术品产于何处。

清迈：泰北文化大市集

第二十章 泰国

泰北玫瑰

清迈是一座让人来了就不想走，走了还想来的城市。

"小城故事多，充满喜和乐，若是你到小城来，收获特别多……"走在清迈街上，心中总想起邓丽君的《小城故事》，绵绵细语，跟这个城市的气质很相似。

也许没有哪个年代的人，会比我们这个年代的人受邓丽君的影响更大了。那种抚慰心灵的绵柔之音，娓娓道来的如泣如诉，直击内心深处，让整颗心都为之颤抖——仿佛另外一个世界为之打开，让人恍然如梦，原来，这个世界上还有这样的歌声，原来世界上还有这样美好的东西。我们成长在艺术模板化的时代，把人如茧般压缩在一个狭小不透气的空间，直到远处传来的声音，将人从茧里拉出来，回归到正常的生态世界中。邓丽君的歌声就是那个遥远的声音，真的有一种"此曲只应天上有，人间能得几回闻"的感觉。

邓丽君最后住过的酒店就位于清迈，据说现在依然保持着她住的时候的样子。她的离去，让这座宁静的古城为更多人知晓。来到这里的中国人，也喜欢在这里缅怀她，缅怀一个逝去的年代。

清迈距离曼谷700多公里，是清迈府的所在地，也是泰国第二大城市，泰国北部政治、经济、文化、教育中心，素有"泰北玫瑰"之称。清迈建于1296年，一直到1556年，都是兰纳王朝的首都，泰国经济、文化、商业中心。如今的清迈依然保存着兰纳王朝古城的格局，四周仍保留着完整的护城河，河岸用砖砌成，虽然河面并不宽，大部分城墙也已不复存在，但古城的总体形状依然存在，如一个巨大的正方体镶嵌在泰北地区。四角城门，流淌的护城河、泰北特色木质建筑，古典的寺庙殿堂，

清迈蓝天

历史古迹遍布，古建筑林立，艺术品云集。

兰纳国王在发展经济的同时，还在艺术上发展出了一种独特的风格，称为兰纳风格。这些漂亮的兰纳风格寺庙，以华美的装饰见长，如同一只美丽的孔雀，将兰纳建筑的美展现给世人。

帕新寺是兰纳式建筑的代表作，位于清迈古城西边拉差当能（Ratchadamnoen）路的尽头，据东护城河5公里，大约10分钟的车程。帕辛寺建于1345年，至今有600多年左右的历史，是孟莱王所建，用于供奉其父亲的骨灰。它是清迈城内最大的佛寺，也是香火最盛的佛寺，寺内供奉着Phra Singh的佛像，与600米外的契迪龙寺一起被尊为清迈最崇高的寺庙。佛寺门口矗立着两座石狮坐像，据说是中国某个朝代所赠。

帕辛寺建在高台上，这个拥有兰纳最美丽建筑和佛像的寺庙，与蓝天白云和古城的静谧融合在一起，古老而庄重。佛寺内松柏苍翠，古树参天，两条巨龙盘踞石阶两边，309级石阶拾级而上，蔚为壮观。佛寺墙壁绘满以当地风俗为主题的壁画，是泰国北部传统艺术的代表。泰国是著名佛国，在清迈，几乎走几步路就会有寺庙。帕辛寺和契迪龙寺作为水平最高的两座佛寺，是泰国佛寺的典范，在时间允许的情况下，可以选择这两座寺庙进行认真游览。

除了帕辛寺本身的佛教地位和建筑艺术成就，吸引人的还有位于寺庙门口的周日夜市，就正对着帕辛寺门口。

为了留出充足的时间逛夜市，我们早早就到了帕辛寺，既能安心游览寺庙，又能吃到各种特色小吃，还能在人潮高峰前买到好商品。

周末夜市：泰北文化大杂烩

清迈最著名的市集在夜晚，特别是周六周日晚的周末夜市，是清迈最热闹和最有吸引力的地方。

周六夜市（Saturday Market）位于清迈南门，从护城河开始，沿着哇拉路一直往南延伸，称为夜市一条街。虽然夜市是 7 点开始，但下午五六点，夜市已经开始热闹非凡。街上既有卖各种特色小吃的摊档，也有卖各类工艺品、老旧物品、纪念品的摊档。清迈素以"美女和玫瑰"享誉天下，手工艺品更是名闻于世，许多民间艺人都聚集在这里，"出售"自己的技艺。卖唱歌手的音乐声响彻整条街，绘画者现场为客人画像，手工艺人现场制作手工艺品，还有泰国特色的人妖走秀，无所不有，挤满整条街道。

周日夜市是清迈最大的夜市，比起周六夜市更为繁华。它以帕辛

清迈夜市入口

寺（Wat Phra Singh）为起点，一路往东延伸到塔佩门，横贯整个清迈古城，主干道两边的支路上也都摆满了摊档。来这里的人不仅有从世界各地来的游客，还有许多本地居民。

看完帕辛寺，太阳已慢慢西斜，一看时间已经5点多，寺庙外的周末夜市已经开始了。大街小巷的角落都被摊位淹没，连寺庙的院子都见缝插针摆满了摊位，人声鼎沸，热闹非凡。逛了一个下午的寺庙，夜市还要继续逛下去，少不了要先饱餐一顿，补充能量才能走得动。泰国烤猪肉，泰国煎饺，烤比萨，泰式炒河粉，泰北米粉，泰式烤鱼，炸鱿鱼，冬阴功汤，种类繁多且价格便宜，大快朵颐，不用顾忌，那滋味是说不出的畅快。

补充能量后，就开始在各种摊位上巡回。摊档多出售各类银器、饰品、灯饰、服饰等工艺品和纪念品，富有泰国特色，比如随处可见的，用木头刻成，用针线修成，用材料编织而成的大象形象。在一处手工艺品摊位上，一幅花纹细致精美的大象工艺品深深吸引了我，拿起来仔细一看，原来是用一根小铁棒在皮质上铳出一个个不到一毫米的小孔，组成花纹线条，再铳成大象的形象，最后涂上黑色颜料和金粉，就那样一幅50厘米左右的作品，大约有几万个小孔，全部用手工铳出来。制作者的工艺和耐性令人佩服，因为是皮质，即使小孔与小孔之间隔得再近也不会断裂，让人不得不佩服那些匠人的智慧。再看看形象，那是一头行走的大象，腿与腿之间的空处、脖子与象鼻之间的空处，尾巴与后腿之间的空处，全部铳成吉祥花枝、小草、土地，这是一只在花草丛中行走的大象。大象是泰国的神物和图腾，其地位相当于中国的龙，所以这幅大象工艺品相当于中国的龙凤呈祥，包含了泰国人心中虔诚的祝福。这样一幅工序繁琐细致的作品，售价不到2000泰铢，折合人民币300多块钱，可以说是物美价廉。此外，佛像工艺品也是夜市上的一大看点，木雕佛像、镀金佛像、版画佛像，或安详闭眼，或深色严肃，或佛脸象鼻，或长着胡子，神态各异。

来到夜市的人都是兴奋的，的确，满街的泰国小吃，价格便宜又实惠；满目琳琅的商品，让人迈不开脚步。夜市最好的地方就在于，它既是一个好的去处，一个了解泰国民间艺术、民间食物、民间生活方式的绝佳之地，又是一个休闲购物的好地方，充满市井气息，既不用担心自己的穿着形象，又免去高档消费的犹豫，尽可让自己充分享受饮食购物之趣，还能欣赏到本地的演出。世间千般万种形态，都能在这里见到，精彩纷呈。

周日夜市，让平时宁静安详的清迈古城，变得嘈杂和市井，变成泰北文化的大杂烩。来逛周末夜市，关键不在于购物与否，而是在这过程中，所收获到的，让人回味与向往的元素，比如那些盲人歌手，令人垂涎的美食，卖小丸子的妹子，各式手工创意产品，以及那些穿梭在大街小巷的泰北美女，来自全世界的游人在此相遇，以及灯光下所发生的故事……

周末夜市是泰北民间工艺品市场，更是展示泰北文化的大市集。它让传统文化找到一条亲民的展示方式，并通过这些手工艺品，将清迈乃至泰国的文化、理念带到世界各地。除了经济，文化的展示是周末夜市

清迈夜市

最重要的所在。

一个晚上逛下来，入手了不少货，花费不多，却又能淘到中意的东西。乘兴而来，兴尽而归，最好的旅行，大概就是这样子吧。

开手工店的中国姑娘

来逛夜市的除了各地的游客，更多的是清迈本地人，他们喜欢在夜市买东西。摆摊的，除了当地人，还有许多来自各地的摊主。他们有的是职业商人，有的是兼职，还有许多外国人。他们或边卖商品，边赚取旅行的费用，可以称之为职业旅行者；或纯粹是出于爱好而来这里玩票；或是手上有些小商品来这里出售。

有一个手工艺品摊位，摊主是个二十多岁的小姑娘，看上去像是中国人，不清楚是华裔还是暂住这里的中国人。摊位上的商品既有泰国的工艺品，也有许多中式工艺品、艺术品。随手挑了两件中式工艺品，便与摊主聊起来。看到来的是中国人，小姑娘很开心，很愉快地攀谈起来。原来摊主姑娘唐唐是个地道的中国人，来自江西，在清迈开了一家手工店。由于夜市人多嘈杂，顾客来来往往，谈话不便，便约好第二天到她位于宁曼路的店里喝茶。

第二天，如约到了唐唐姑娘的店里。店铺就位于宁曼路口上，门口种满绿色植物花草，很容易找。店里装修得很中式，与其说是手工店，还不如说是一个大杂烩店。既做手工艺品，同时又是茶馆兼咖啡店。我问她，你这里到底是手工店还是茶馆、咖啡馆。唐唐姑娘笑着说，都有。自己喜欢什么就整什么呗，开心就好，哪有那么多的商业模式和目的。

就喜欢清迈这种悠闲不羁的风格，许多年轻人来清迈暂居和旅行都是因为它的这种特点，很多人留在清迈，也是出于这个原因。包括眼前的这个唐唐姑娘，她原是南昌一家酒吧的驻唱歌手，某天唱着邓丽君的歌曲，跟着旋律，想起她最后的清迈时光，想着她婉转唱出的小城故事，人生喜乐，有一种恍如隔世又近在咫尺的错觉，好似她就身在清迈一样。后来，她背着一把吉他来到了清迈。也许驻唱歌手天生就带有这种叛逆不羁的气质，也让人极易理解他们突然的变化，似乎他们做出任何决定和改变都是意料中的事。

到清迈后，她就在这里住了下来。她去过邓丽君最后住的酒店，还保持着她入住时候的样子，看过邓丽君看过的风景，走过她曾走的路。她觉得，冥冥中似乎有一种力量在指引着她，让她产生预感，自己可能会留下。她当过中文老师，做过客栈工作人员，摆过地摊卖过手工艺品，做过酒吧驻唱，也在街头卖过唱，得到过路人的赞许，但不久便被工作人员劝离，因为那里不允许卖艺。那些在清迈的多彩时光，为她的人生

清迈街头

掀开了另一页，那是她从来没有想过的人生，让她感受到，原来生活还可以这样过。她决定在清迈长住一段时间，至于多长时间，那就随缘吧，谁知道以后怎样呢，也许，会想办法在这里长住下去，也许会去其他地方，也许回中国。但那是以后的事，到了那个时候再说呗，现在何必想那么远，就像一年前，她还在南昌的酒吧驻唱，谁能想到，今天我们会坐在清迈的店里聊天，而昨天，我们还是素未谋面的陌生人。充满未知的世界，才如此让人兴奋，让人充满期待。

喝了一口茶，她继续讲在清迈的经历。在教授中文课程的时候，有位学生在清迈当地做手工艺品，她以前便喜欢捣鼓这些手艺，所以就跟着学生学，成了学生的学生。清迈有许多市集，除了著名的周末夜市，平日也会有许多。每隔一段时间，她就把做好的手工艺品拿到市集上买。后来，她自己租了一个店铺，请了一些人，同时也争取到了周末夜市的摊位，便成了周末夜市的常客。除了卖泰式手工艺品，她还会自己做一些中式手工艺品，或是到处淘一些新货旧货，或让国内的朋友给她寄，也放到市集上卖。卖出的钱就用来支撑店铺的日常运营。

我说我想看看这店里的摆设和各种她收藏展示的工艺品、旧货、藏品，她便一边带着我看一边讲每一把壶，每一串挂坠，每一幅画作，每一个盒子的来历，如何跨过万水千山来到这里。一楼只是个展示的地方，真正的宝贝在二楼，那是她收藏个人藏品的地方，地方不大，但是装修得比较古朴。看了她的藏品之后，才发现原来她还是爱旧物的人。她说她自小就喜欢这些东西，每到一个地方她都会淘一些东西，那里有她近几年来走南闯北四处漂泊时收藏的东西。人在独自漂泊时都不忘做的事情，一定是真正的爱了。看着自己心爱的物品时，她的眼睛是充满光芒的。古朴的石雕佛像，那是她从吴哥窟背回来的；几块带有天然颜色的石头，是她去西藏时候找到的；一个颇有年代的茶壶，是她家乡一家老茶馆要拆的时候，她以极便宜的价格买下来的；还有那把吉他，是她以前在酒吧驻唱时用的，现在还经常用……每一个物品，都是她的一段人生经历。她说，不仅因为喜欢这些东西，更重要的是，它们记录了她走过的路。只要它们在，她就会记得自己经历过的多彩的人生，这是一种特别的记录方式。真是一位勇敢随性，又充满细腻情感的姑娘。

畅聊了一个下午，相谈甚欢，有种他乡遇故知之感。纵使下一次相见不知何时，但能拥有此刻的快乐，就是可遇不可求的缘分。临走了，她坚持送我一件东西。送什么好呢，想了想，她从柜子里捧出一件佛像，说这个佛像跟你很像，憨厚可爱，是从江西老家带来的，就送你这个吧。我一脸问号，我跟佛像像？说完两人同时哈哈大笑起来。我问这个很贵重吧？她说，能遇到并赠予适合的人，就是它最大的价值，那些外在的价值，不过是浮华与虚荣而已，我并不计较这些，更何况我们是同乡。姑娘一番言辞又让人无法推辞，盛情难却，还是很开心地收下。她把我送到路口，还不忘叮嘱，下次来清迈记得来看她。我说，下次来的话不知你还在不在清迈了。她笑笑说，也是。

在车上时，我抱着佛像（其实是罗汉），一直在寻思姑娘的话：只要看到它，就能想起它的来历，它的故事，以及与它有关的人，那就是我。别看它只是一件物品，同时它也是一个记录者。

哈哈罗汉

如今，每次见到这尊佛像，我都会想起清迈，想起唐唐，想起与她短暂的相识与交谈，却又像是多年不见的老友一样。不知道那个年轻的小姑娘，现在在哪里，又经历了怎样多彩的生活呢？

★后记

本书编写过程中，得到了社会各界朋友的大力帮助与支持，在此要特别感谢著名画家詹忠效、王勇为本书作画，著名书法家刘俊华为本书题写书名，广东省文物局副局长何斌、广东广地珠宝鉴定中心董事长侯舜瑜对本书所涉物品进行鉴定。因时间、篇幅、记录能力等各方面所限，本书还有许多不足之处，欢迎大家批评指正。

2017.12.31. 广州